近年、施工現場は昔と比べて時間も費用も余裕がなくなり、かつて機能していた現場でのOJT（On-the-Job Training）による先輩から後輩への技術移転もままならなくなっている現状があります。そんな悩ましい現場の技術移転が少しでもスムーズに行えるようにと、汎用性のある項目を厳選してまとめました。

　本書が、皆さんの「砦」を守る知恵として活用いただけることを期待しています。

　執筆にあたっては多くの方に協力をいただきました。特に、小野嗣修氏、堀内満氏、生本孝幸氏、長谷川和昭氏、藤原真氏には大変お世話になりました。また、故大場新太郎大阪工業大学名誉教授、小川鑑博士には、建築技術者としての基本から心構えまでを教えていただき、常に励まし続けてくださいました。お世話になった方々に謝意を表します。学芸出版社の岩切江津子氏には、長い期間よく付き合っていただきました。ありがとうございました。

　　　　　　　　　　　2016年8月　　　村尾昌俊・臼井博史

もくじ

はじめに　002

1章　躯体工事 ———————————————————— 008

躯体

- 01　捨てコンで決まる建物精度！　010
- 02　打継ぎは弱点になりやすい　012
- 03　元には戻せないRCのたわみ…　014
- 04　コンセントが躯体を損傷？　016
- 05　緩衝材が悲鳴を上げる？！　018
- 06　ボルト接合と「座金」の役割　020
- 07　鉄骨をダメにする三行為　022
- 08　ピンテールがない高力ボルト　024
- 09　鉄骨柱がRC腰壁を壊す？　026
- 10　弊害もある鉄骨の錆止め塗装　028
- 11　鉄骨の塗装はなぜ剥げる？　030

スラブ・床

- 12　忘れがちな合成床版の開口補強　032
- 13　スラブからどうして水が？！　034
- 14　かさ上げコンクリートが反る？！　036
- 15　許されない厨房の水溜まり！　038
- 16　凹んでしまう床の金物　040

2章　仕上げ工事 ———————————————————— 042

建物外部

- 17　ALCの鉄筋がなぜ露出？　044
- 18　ALCパネルはデリケート！　046
- 19　ECPパネルはバイメタル　048
- 20　手摺の取り付けはだれの指示？　050
- 21　どぶ漬け鉄骨には穴がある　052

建物外部

22	バリ取りは入念に！	054
23	亜鉛めっきとひと口に言っても…	056
24	SUSは錆びるもの？	058
25	外壁のタイルが落ちてくる？！	060
26	ガラスが「自爆」する？	062
27	溶けるSOP？！	064
28	すぐに剝がれるめっきの塗装…	066
29	屋上緑化は建材か？	068

建物内部

30	相性の悪いALCとGL工法	070
31	耐火材の不具合はだれの責任？	072
32	天井を突き破る吊りボルト！	074
33	洗面器の周りがボロボロ！	076
34	タイルカーペットから異臭が？	078
35	ガラス鏡の「腐食」	080
36	高価な絵画が落下！	082

サッシ・建具

37	避難口の有効寸法が足りない！	084
38	建具は引き残す！	086
39	効果の大きな「小さな庇」！	088
40	窓の方立(ほうだて)頂部が漏水の入口	090
41	サッシが壁を壊す！	092

防水・止水

42	防水層は立ち上がり端部が弱点	094
43	保護コンクリートが防水層を破断	096
44	ゲリラ豪雨で飛ぶ桝のフタ	098
45	雨水排水は2系統で！	100
46	単純にしたい外壁貫通部の納まり	102
47	雨が入る鋼製シャッター	104
48	花壇が漏水の原因？	106
49	たまにしか積もらない雪でも…	108
50	気付かぬ水の通り道…	110
51	シーリング材は適材適所で	112
52	「2面」と「3面」の大きな差	114

防水・止水	53	シーリングは厚さが重要！ 116
	54	シーリングが溶ける！ 118
	55	鳥が建物を食べる？ 120

3章　設備工事 ——————————— 122

設備	56	設備排水が屋根を損傷？ 124
	57	空調が原因でスリップ事故？ 126
	58	雨漏りでなかった天井のシミ 128
	59	「吐く量」と「吸う量」 130
	60	床下で溢れた消火水槽 132
	61	ポンプはあっても釜場がない…？ 134
	62	ジャバラ管排水の問題点 136
	63	臭いはどこから？ 138
	64	触れあって穴が開く！ 140
	65	電気配線が先？　断熱施工が先？ 142
	66	雷の被害を防げ！ 144

4章　環境 ——————————— 146

音・振動	67	「遮音」と「吸音」は全く別モノ！ 148
	68	「質量則」で決まる遮音性能 150
	69	「重たい音」と「軽い音」 152
	70	可動間仕切壁の遮音性能は？ 154
	71	自動ドアの音で眠れない！ 156
	72	空調室外機がヤカマシイ！ 158
熱・結露	73	伸びたり縮んだり 160
	74	タテ樋が破れて室内は洪水！ 162
	75	屋根からの音でビックリ！ 164
	76	熱の移動は3通り 166
	77	結露は断熱で防げるの？ 168

熱・結露

- 78 水蒸気を取り除け！ 170
- 79 天井を通り抜ける水蒸気 172
- 80 床にも結露するの？ 174
- 81 庇から水滴が… 176
- 82 床が氷で隆起する？！ 178

5章 外構工事 ——————— 180

外構

- 83 水溜まりがお出迎え… 182
- 84 自転車が倒れる駐輪場 184
- 85 インターロッキングが真っ白に？！ 186
- 86 機器が転倒する犬走り 188
- 87 「枯れ保証」は何の保証？ 190
- 88 外構照明による光害 192
- 89 アスファルト舗装の陥没 194

6章 維持管理・現場運営 ——————— 196

維持管理・現場運営

- 90 行きたいのに、行けない… 198
- 91 笠木を踏まないで！ 200
- 92 通れない人通孔… 202
- 93 施工現場にある消防危険物 204
- 94 短工期のため品質が確保できない！ 206
- 95 JASSって法律？ 208
- 96 「瑕疵（かし）」って何のこと？ 210
- 97 「ひび割れ」対策の心構え 212
- 98 設計変更に振り回されないで！ 214
- 99 竣工図通りでない建物？！ 216
- 100 竣工図作成は施工者の業務？ 218

1章

躯体工事

建物の骨格である構造躯体は、長年にわたって建物を支え続けるという役割があります。躯体工事は建物全体の安全性を左右するため、取り返しのつかないミスが生じないよう細心の注意を払って施工します。
　仕上げ工事によって見えなくなる部分も多いのですが、だからといって躯体工事を疎かにしてよいわけではありません。見えなくなる部分だからこそ確実な施工をして、その記録を正しく整備することも施工者の仕事の一つです。施工者から発注者に引き渡され、建物と一緒に保管される品質記録は、だれが見ても理解できるものにしておかなければなりません。
　また、建物の床は、施工上のトラブルになりやすい部位です。すべての人や物は、建物の床で支えられているからです。ここでは「躯体」「スラブ・床」という二つの分類にまとめました。

01 捨てコンで決まる建物精度！

❌ トラブル 捨てコンの精度不足による躯体の欠陥

　竣工後、数年経過した物流倉庫から「1階床スラブで鉄筋が露出した」とのクレームがあった。調べてみると、単に鉄筋のかぶり寸法が確保できていないというだけでなく、地中梁のレベル位置が高く、スラブとの納まりに無理があることがわかった。

　どうやら、基礎や地中梁を施工する前段階の「捨てコン」のレベル精度が悪いまま、次工程の鉄筋組み立て、型枠工事が進んでしまったようだ。その結果、地中梁や床スラブの位置が高く施工されてしまっていた。地中梁は高すぎても低すぎても1階床スラブとの取り合い部に支障がある。下写真のように床の鉄筋が地中梁に納まらないのは地中梁の捨てコンが高すぎた可能性が高い。

止め枠も入れていない精度の悪い捨てコンの例

地中梁のレベル位置が悪く、斫らないと床の鉄筋が納まらなくなった

「捨てコン」は余ったコンクリートを捨てることではないのですか？

「捨てコン」は捨てるコンクリートではないし、墨出しのためだけのものでもない！ 品質確保の重要ポイントだ。

高精度の捨てコンが"品質確保"の秘訣

　現場施工の初期に行う「捨てコン」の打設。「ならしコンクリート」とも「墨出しコンクリート」とも言うが、これを安易に施工してはいけない。捨てコンは、測量して地墨を出したり、型枠を建込むために必要なものだが、それだけでなく、建物の高さ方向を決定づける基準となる「レベルコンクリート」だ。

　十分な精度で施工されなければならない重要な作業であって、決して捨てるコンクリートではない。現場の捨てコンの施工状況を見れば、現場の品質管理の状態が一目瞭然だ。墨出しや型枠の建込みに支障がない位置に止め枠を入れて精度よく打設しよう。

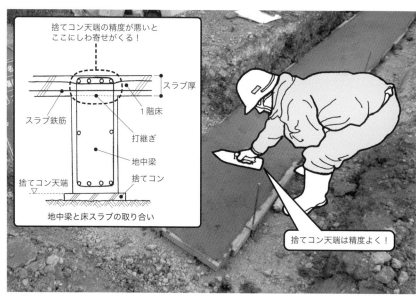

止め枠を設置して精度のよい捨てコンを打設している現場

02 打継ぎは弱点になりやすい

❌トラブル 打継ぎに生じるひび割れ・漏水・白華

　鉄筋コンクリート構造(以下、RC造)の「打継ぎ」は、構造体としての欠陥になる、ひび割れ・漏水・白華などの不具合が起こりやすい部分だ。建物の外部に面した打継ぎは、雨水の浸入口になりやすい。

　RC造建物では階ごとに水平打継ぎが生じる。外部階段の周辺は、特に不具合が発生しやすい場所だ。上階へ上る階段には、どこかに必ず打継ぎがある。手摺壁がRC造の場合は、垂直打継ぎも生じる。RC造建物の外部にある階段の打継ぎから雨だれがポタポタと落ちているのを見たことはないだろうか。

RC階段床部の見上げ。打継ぎに白華している

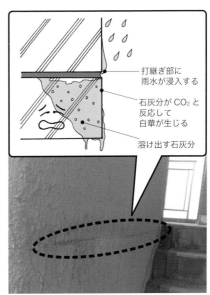

打継ぎ部に雨水が浸入する
石灰分がCO_2と反応して白華が生じる
溶け出す石灰分

RC階段中壁の水平打継ぎが変色している

コンクリート構造物には、必ずどこかに打継ぎができてしまいますよね？ 何に気を付ければいいのですか？

打継ぎには、必ず目地を入れて、確実な止水処理を計画しよう！

対策 打継ぎ目地と止水処理

　工事の施工計画にあたっては、できるだけ打継ぎが少なくなるように計画するのが原則だ。外部階段の打継ぎ周辺の床には、雨水が溜まることも多く、十分な止水処理をしなければ、竣工後数年で裏面から雨が滲み出てくることになりやすい。

　打継ぎには、先行するコンクリート打設時に発生するレイタンス（多孔質な泥膜層）などの不純物が挟み込まれやすいので、斫り込むなどして念入りな打継ぎ処理をするのが理想だが、建築工事では、すべての打継ぎ面ではその処理を行えないことが多い。その場合でも、コンクリートの打継ぎ部分には水平、垂直にかかわらず、目地を設けて止水シーリング処理ができる納まりとしたい。

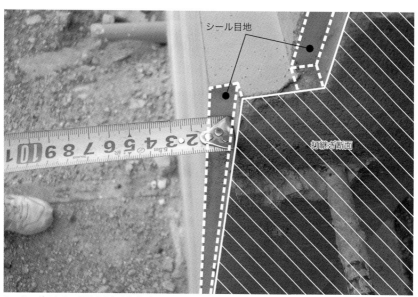

シーリングのための目地を入れた打継ぎ

03 元には戻せない RC のたわみ…

❌ トラブル　クリープたわみで窓が開かない！

　RC 造の「クリープたわみ」というのは、長期にわたる応力で変形が増大していく現象だ。応力は載せられた荷重とコンクリートの「自重」によるもので、片持ち形式やスパンの大きな RC 造の部材で生じやすい。

　これらは、建物の竣工後、数十年も経過してから、RC 部材の下部に取り付けられた建具に開閉障害が起きたり、方立（サッシの縦桟）に座屈変形が生じることで発覚することが多い。

　建具の部材は、軸方向のわずかな変位で座屈変形する。長さ 2,000mm のアルミ方立材が座屈変形すると、わずか 0.5mm の軸方向の変形量で 20mm もはらみ出す計算になる。

上部のスラブがたわんで方立カバーが座屈したサッシ

たわみが生じた RC 造のスラブ

まさか、RC造の建物が自重でたわむなんて、ありえないですよね！

RC造の建物はどっしりと重量があることが長所の一つだが、クリープたわみはそのために生じる短所の一つだ。

緩衝材の利用や支保工の存置期間が注意ポイント

　RC造のクリープたわみは、程度の差はあってもどこででも起きる可能性のある現象だ。その変形量が大きいとクレームになってしまう。クリープたわみを完全に防ぐことはできないので、不具合が予想される部位では対策を講じておく。発生してしまったクリープたわみは、残念ながら元に戻すことはできない。

　片持ちスラブの先端や、スパンの大きな梁に取り付ける建具では、方立の上部のコンクリートと接する部分に、絶縁のため緩衝材を入れておく。コンクリート打設後の支保工（コンクリートが硬化するまでの荷重を支える仮設の柱）の解体が早いのも要因の一つだ。支保工は、コンクリートが必要な強度になった後もできるだけ長い間置いておきたい。

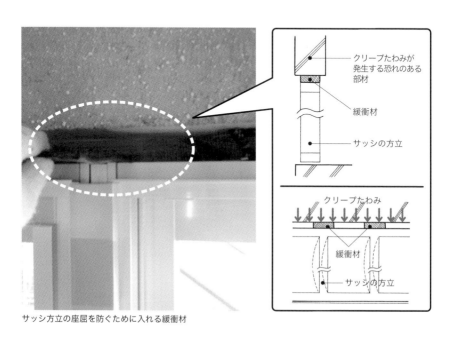
サッシ方立の座屈を防ぐために入れる緩衝材

04 コンセントが躯体を損傷？

✗ トラブル 設備部材の打ち込みがRC躯体を損傷

　設備部材の位置は、設計図の指示や打ち合せで決められるが、取り付け方法によっては構造躯体を損傷することがある。不用意に電気のコンセントボックスをRC造の柱に打ち込もうとすると、下左の写真のように躯体そのものを欠損させたうえに鉄筋のカブリ寸法も確保できなくなる。

　床スラブに打ち込む設備用の配管も、スラブ断面の欠損になってしまう。たいていの工事では、配管を分散することで対応しているが、電気の配電盤が設置される場所など、多くの配管が集まる部分は、その影響が無視できなくなるので注意が必要だ。

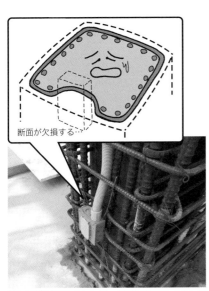

柱に無理矢理コンセントボックスを打ち込もうとしている

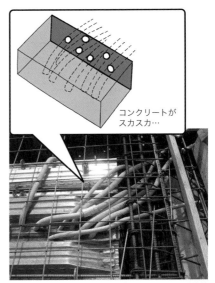

電気配管が集中しすぎてスラブのコンクリートが充填できない

柱にコンセントボックスを打ち込むことになっているのですが、鉄筋に当たって入らないんです…。

構造躯体を傷つけるような打ち込みをしてはならんぞ。

対策　位置の変更や、躯体を損傷しない増し打ちを！

　スイッチやコンセントを設けるためのボックスや、配線用の配管をRCの躯体に打ち込むことはよく行われる。しかし、そのために構造躯体を傷めることがあってはならない。

　ボックス類を打ち込む場合は、柱や梁という構造躯体を避けて近くの非構造壁に配置する。位置を変えることができない場合は、打ち込む部材が納まるよう躯体の増し打ちを行う。その場合は、コンクリート・鉄筋の増量になり、また建物重量の増加にもなるので設計者への確認が必要だ。

　コンクリート打設の直前に見つけて慌てることがないよう、早期に設備工事との打ち合せを十分に行う。事前にわかっていれば対策を講じることができる。

躯体

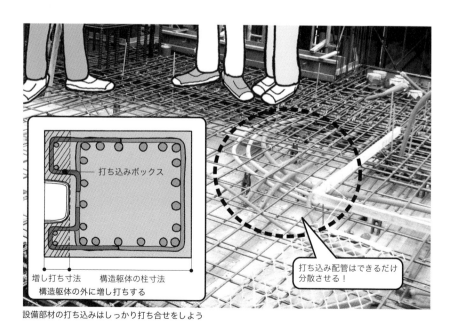

設備部材の打ち込みはしっかり打ち合せをしよう

05 緩衝材が悲鳴を上げる？！

 トラブル　断熱材は緩衝材ではない！

　隣り合う構造物は、構造的な挙動が異なる場合、互いに「絶縁」しておく必要がある。RC造の場合には、一方に緩衝材を張付けた後に他方のコンクリートを打設して二者の間の緩衝材とすることがある。

　緩衝材にポリスチレンフォームの成型板が使われる事例も多いが、一見柔らかそうに見えても、「面」で作用する圧縮力に対しての抵抗は大きいので、緩衝材としては適当ではない。土間コンクリートの下に断熱材として打ち込んだり、軽量化のために道路のかさ上げ部分に敷き込んだりするほどだ。複数枚打ち込むことで、面内方向に対しての絶縁を期待することもあるが、構造物の挙動でピキピキと不気味な音を発生させることがあるのでやめたほうがよい。

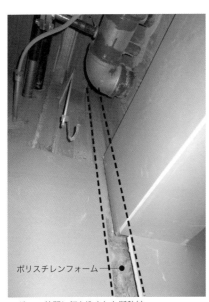

RC造の2棟間に打ち込まれた断熱材

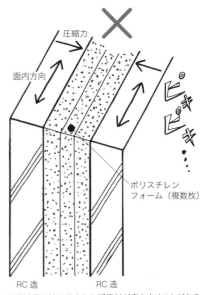

RC構造物に挟み込まれた緩衝材が音を出すことがある

断熱材は柔らかいので緩衝材として使ってもよいですよね？

軽いものが柔らかいとは言えないし、柔らかい材料はコンクリート打設時につぶれてしまうぞ。

対策 何もない空間にするのが原則

　構造物を「絶縁」する場合には、何も打ち込まない空間にすることが原則だ。型枠（せき板）を使ってコンクリートを打設する場合は、硬化後に撤去できるよう考慮して組み立てる。型枠も組み立てられないほど狭い寸法の場合には、いったん打ち込んだ緩衝材を溶かすなどして除去する方法を選択したい。

　部分的で軽微なところに、どうしても打ち込む必要がある場合は、30倍発泡のポリエチレンフォーム（屋上の防水伸縮目地などで使用のものと同じ）をおすすめする。

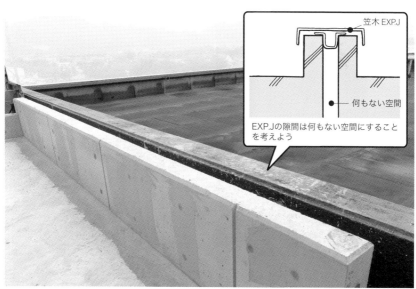

RC造の二棟の間を完全に空かせた例

06 ボルト接合と「座金」の役割

 座金は飾りではない！

　鋼材をボルトで接合する時には、所定の大きさの穴にボルトを差し込み、ナットを回して締め込む。座金（ワッシャー）がなくても締付けることは可能だが、必要な接触面積を確保してボルトの軸力を正確に伝えるために、また、母材を傷めずになじみを良くするためにも、座金は不可欠な材料だ。

　ボルト穴を長穴にしてルーズな留付けをする施工箇所などでは、座金がないとボルトとナットが外れてしまうこともある。ボルトとナットと座金はセットで使うものと考えておこう。

座金を忘れてナットが母材にめり込んでいる例

座金がセットされた良い例

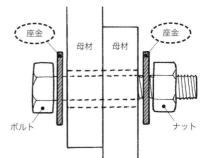

座金を入れたボルトとナットの締付け

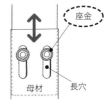

ボルト径に対して穴径が大きい場合

鋼材の「ボルト接合」はボルトとナットで締付けるんですよね?

「ボルト接合」では座金を省略せずに必ずセットするように!

対策　座金は接触面積を確保する名脇役

　鋼材のボルト接合には大きく二つの種類がある。ボルトのせん断力に期待する「支圧接合」と、高力ボルトの利用で母材間の摩擦力を期待する「摩擦接合」だ。いずれの場合も、接合に必要な力をボルトと母材に伝えるためには、座金を省略してはならない。

　鉄骨躯体の組み立てに使用される「トルシア型高力ボルトセット」では、そのナットに「表」と「裏」があるのはよく知られているが、座金にも表裏がある。正しく使用しなければ摩擦接合としての力が発揮できないので、注意しよう。

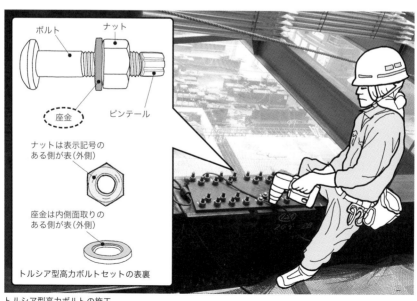

トルシア型高力ボルトの施工

07 鉄骨をダメにする三行為

❌ トラブル　母材を傷める施工の三悪

　躯体鉄骨への現場での溶接作業で、してはならないにもかかわらず、なかなか防げない三つの行為がある。

- **ショートビード**：おおむね 40mm 未満の短い溶接。溶接は最初と最後に欠陥が出やすく急熱急冷のために母材に欠陥が出やすい
- **アークストライク**：溶接作業の最初に、通電を確認するために溶接棒で母材を叩いてアーク（火花）をとばす行為。母材を傷める行為にほかならない
- **角形鋼管の角部への溶接**：柱によく使われる角形鋼管の角（コーナー）部分は、製造上塑性域近くまで変質しており、溶接による高温で脆性破壊（割れる）することがある

建具を取り付けるのに、角形鋼管のコーナー部にショートビードで溶接してしまった例

溶接の品質は、作業員の腕に左右されるって聞きました。皆決められた教育を受けているのなら安心ですね！

労働安全衛生法で定められているアーク溶接作業の「特別教育」を受けているから、優秀な溶接技能者とは限らないぞ。

対策 「現場溶接」は、建物の品質管理ポイント

　躯体鉄骨を扱い慣れている鉄骨鍛冶工などの溶接技能者はこうした不良行為をすることはまずない。知識のない他の業種の作業員による行為がほとんどだ。内装のLGS（軽量鉄骨下地）、ALCの下地鉄骨を取り付ける作業や設備工事などで発生させていることが多い。これらの行為で傷めた躯体鉄骨の取り替えや補修は簡単ではない。

　対策として、仕上げ工事の溶接で躯体鉄骨を傷める可能性がある部分には、鉄骨工場で「捨て板」を溶接しておく。鉄骨工場での溶接作業は良好な品質が期待でき、捨て板への現場溶接は気にしなくてよいからだ。現場では、躯体鉄骨に安易な溶接をしないように関係する作業員に繰り返し指導しよう。

鉄骨工場で捨て板を取り付けている例

角形鋼管に捨て板を取り付けている例

08 ピンテールがない高力ボルト

トラブル 溶融亜鉛めっき鉄骨に使うボルトの締付け管理

　一般に、鉄骨の高力ボルト接合には、トルシア型高力ボルトが使われることが多い。所定の締付けトルクでピンテール（ボルトの先端部分、p.21）が破断するので、目視で締付け完了が確認できるという特徴がある。「トルシア」というのはトルクでシェア（切断）される仕組みのことだ。

　一方、溶融亜鉛めっきした鉄骨（どぶ漬け、p.52）の継手に使われる溶融亜鉛めっきの高力ボルトにはトルシア型のボルトがない。見ただけでは本締めが完了しているかどうかの判断はできないので、締付けの工程管理を確実に行い、記録を残さなければならない。

溶融亜鉛めっき鉄骨の接合部

ボルト接合前の躯体。溶融亜鉛めっき鉄骨の高力ボルトにはトルシア型のボルトがない

どぶ漬け鉄骨のボルト接合部の管理はどうすればよいのですか？

高力ボルトの締付け管理の方法を知っておこう。

対策 「トルクコントロール法」と「ナット回転法」

　高力ボルトに必要な張力を導入する方法には「トルクコントロール法」と「ナット回転法」がある。「トルクコントロール法」は締付けのトルク量で直接軸力を管理する方法、「ナット回転法」はナットの回転した角度で軸力の導入を確認する方法だ。

　通常、溶融亜鉛めっきしたボルトは、ナット回転法で管理する。一次締めの後マーキングをして、二次締めでナットが120°（±30°）回転するまで締付ける。溶融亜鉛めっきの鉄骨は塗装なしでそのまま仕上げになることが多いので、マーキングの跡を残したくないが、締付けの管理のためには省略することはできないので、細いフェルトペンを使うなど目立たない方法を考えよう。

ナット回転法による締付け

一次締めの後のマーキング作業

09 鉄骨柱が RC 腰壁を壊す？

❌ トラブル 鉄骨の干渉によるひび割れ

倉庫などの RC 造の腰壁がある鉄骨造の建物では、腰壁にひび割れが生じて漏水の原因になることが多い。ひび割れの原因には、コンクリートの収縮によるものだけでなく、風や地震による鉄骨柱の挙動が腰壁を押すことが原因になっている場合がある。

鉄骨柱と腰壁の間は、隙間をつくって絶縁するのが理想だが、施工的に困難なことが多い。対策として、緩衝材を打ち込む方法があるが、どのような仕上げになるかを想定して納まりを決めておこう。

その際の養生忘れにも要注意だ。曖昧なままで緩衝材さえ入れておけばなんとかなると考えていると、周囲がきれいに仕上がって照明が点くころになって、この部分だけが汚れたままで慌てることになる。

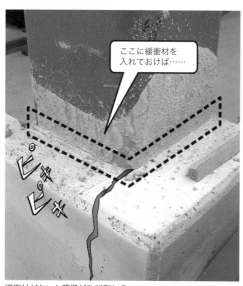

緩衝材がないと腰壁がひび割れる

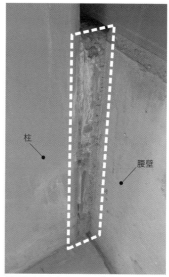

緩衝材を入れたものの、養生忘れで汚れてしまった

倉庫の腰壁が、鉄骨柱のところでひび割れたんです…。

鉄骨柱とRC腰壁をどうやって絶縁するかは、施工者の知恵が問われるところだ。

対策　おすすめは、発泡ポリエチレンフォームの緩衝材

　鉄骨柱の挙動を腰壁に伝えないようにまずは何もない空間を確保しておくべきだが、軽微な場合は屋上の防水押さえコンクリートの伸縮目地や緩衝材に使われる「発泡ポリエチレン（30倍発泡）」を打ち込むのが対策の一つだ。ただし、倉庫のような建物では、室内側に内壁がなくて、鉄骨柱や腰壁のコンクリートがそのまま仕上がりとなる例が多い。打ち込んだ緩衝材がコンクリートで汚れないように、仕上げで見える部分は粘着テープで養生をしておく。

　どうしても絶縁や緩衝材を設けることが困難な場合は、鉄骨柱が干渉する位置に、ひび割れ誘発目地を設けておくのも一つの方法だ。

躯体

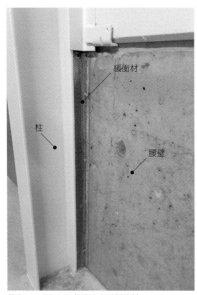

養生してきれいに打ち込んだ緩衝材

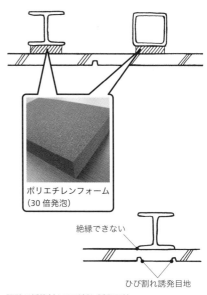

腰壁の緩衝材とひび割れ誘発目地

10 弊害もある鉄骨の錆止め塗装

 トラブル　耐火被覆＞錆止め

　鉄は錆が発生しやすい材料なので、耐久性を確保するために防錆対策が必要だ。建物の鉄骨躯体には錆止め塗装を施す。ただし、錆止め塗装のために別の問題が発生する場合がある。そちらの問題解消を優先させる時には、錆止め塗装を取り止めることがある。

　たとえば、錆止め塗装を施工した上にロックウールの耐火被覆を吹付けると、吹付材に含まれるセメント成分が錆止め塗装を軟化させて耐火被覆材が剥離してしまうことがある。セメントのアルカリは鉄に対する防錆効果があるのだが、ロックウール吹付材のセメントの量では、錆止め効果はほとんど期待できない。一般には、ロックウールを吹付ける部分は錆止め塗装を取り止めて、耐火性を優先させることが多い。

錆止め塗装の必要な部分とそうでない部分を区別している

鉄骨に錆止め塗装をする部分としない部分があるのはどうしてですか？

錆止め塗装がないほうが良いこともあるので、しっかり設計者と協議して決めるんだ。

対策 錆止め塗装はケースバイケース

前述のほかに、以下の場合には錆止め塗装を行わないことがある。錆止め塗装の要否や塗料の種類は、現場ごとに設計者の考え方を確認しよう。
- 梁上などスタッドを打つ部分は錆止め塗装がスタッド溶接の障害になる
- コンクリートに埋まる部分は、鉄筋と同様に錆が発生する恐れはなく、錆止め塗装は必要ない
- 両端に蓋がされた鋼管の内部のように、空気や水の出入りがない部分は錆止め塗装がなくても錆が生じない
- 相対湿度70％を超える環境にある鉄骨は錆止め処置が必要とされている。空調が整備されて結露の恐れがない環境では、錆止め塗装を取り止めることもある

一般には、ロックウールを吹き付ける鉄骨には錆止め塗装をしない

11 鉄骨の塗装はなぜ剥げる？

トラブル　塗料の問題だけではない剥離の原因

　鉄骨の塗装は、塗料のグレードによってその長期的な耐久性が大きく異なる。しかし、竣工後すぐに剥離する事例のなかには、塗装の下地処理不足を原因とするものが多い。

　鉄骨の塗装が剥離した事例のうち、溶接した部分の近くで剥離しているものがある。これらは溶接に関わる作業が塗装の剥離の原因になっていると考えるのが自然だ。溶接時のスパッタ（溶接時に飛散する金属粒）が周辺に付着するのを防止するための付着防止剤や、溶接の超音波探傷試験で使用する潤滑剤などが、鉄骨表面から十分除去されないまま塗装してしまったことが考えられる。

溶接部周辺に生じた塗装の早期剥離

竣工後すぐに鉄骨の塗装が剥がれてきたんです…。

塗装が早期に剥離する一番の原因は、下地処理不足だぞ。

対策　溶接周辺の塗装は下地処理を入念に！

　鉄骨製作時の異物や汚れは完全に除去してから塗装工程に移らなければならない。特に、溶接の周辺部分は塗装の下地処理を入念に行うべき部分の一つだ。

　スパッタ付着防止剤と謳われている最近の商品は、水性で容易に除去できるものが多いが、除去しにくい油類や洗剤類を代用品として使うこともあるようだ。鉄骨製作工場で使用するこうした作業の補助をする薬剤に何が使われているかにも、品質管理の目を向ける必要がある。

鉄骨工場の製作段階で溶接部周辺に薬剤が付着した鉄骨

12 忘れがちな合成床版の開口補強

❌ トラブル 補強していない床の開口

　床スラブの開口には、その構造と大きさに応じた補強が必要だ。合成床版は、一方向の鋼製デッキとコンクリートが一体となって構成されているスラブ構造だ。開口の大きさによっては、コンクリートの中に入れる補強鉄筋だけでなく、下面に鉄骨の梁を設けてスラブを支える形式の補強が必要になる。同じ大きさの開口でも、デッキの方向によって補強方法が異なる。

　開口の補強がされていなくてもすぐに目に見える影響はないかもしれないが、スラブの弱点になっていることは間違いなく、開口を起点にひび割れが発生したり、開口の周辺が下り始める可能性も大きい。最悪の場合は脱落するかもしれない。

電気工事のために床スラブに開口を設けたにもかかわらず、鉄骨補強されていない合成床版

合成床版の開口補強ってなんですか？ 初めて聞いたんですが…。

開口補強を忘れると、最悪の場合、床スラブの脱落につながることもあるぞ！

対策　補強方法はメーカーの要領を守ろう

　床スラブの開口を計画的に設ける場合は事前に補強の準備ができるが、施工中に位置が変更になる場合も多いので注意が必要だ。床の開口は設備工事で必要とされることが多いのだが、設備工事関係者はスラブ構造の知識がなく、開口補強が必要なことを認識していないこともある。設備工事が別途発注工事の場合でも、見て見ないふりをすることなく建築技術者として必要な対策をとろう。

　合成床版は、鋼製デッキのメーカーがその使用条件のなかで、開口補強要領についても決めているので、メーカーごとに仕様を確認して確実に施工しよう。

鉄骨の梁でスラブ開口を支えた補強

13 スラブからどうして水が？！

❌ トラブル　ボイドスラブに溜まる水！

　ボイドスラブ構造の床で、竣工間近になってスラブ裏からポタポタと水が滴下してきた。調べてみると、スラブに打ち込まれたボイド管（鋼製のスパイラル管）の中に大量の水が溜まっていることがわかった。

　漏水はスラブコンクリートの打継ぎ位置からだった。コンクリートを打設した後に養生のために散水した水やスラブ上に溜まった雨水が、打継ぎからボイド管の中に入り込んで溜まったものらしい。

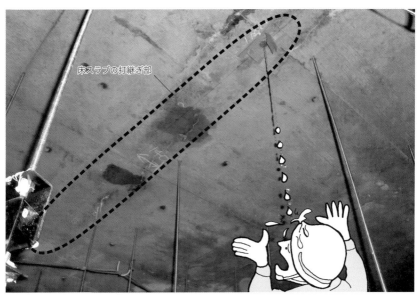

打継ぎ位置の鋼製スパイラルボイドに溜まった水が滴下してきた

ボイドスラブから下階にポタポタと水が落ちてきたんです。最上階ではないので雨漏りではないし…。

スラブから水が落ちるのは、たいてい「雨漏り」か「設備配管からの漏水」が原因だが、今回は違うようだね。

工事の最後に水抜き確認！

　ボイドスラブを構成するボイドには多くの材料があり、管状のものは内部に水が浸入する可能性がある。鋼製スパイラル管は一見すると水密性が十分あるように見えるが、両端の蓋の部分だけでなく、ラセン状の継ぎ目からも水が浸入する。

　コンクリートを打設した後で、ボイドの中がどういう状態になっているかを確認することはできないし、工事中に打継ぎ部分から雨水や養生水が入ることを完全に防ぐのは困難だ。下階の内装工事に着手する前に、打継ぎ部にあるボイドには、直下から小さな穴を穿孔して、ボイド内部に水が溜まっていないことを確認する。水が溜まっていたら、水を出す穴だけでなく、空気が入る穴も開けて排出する。

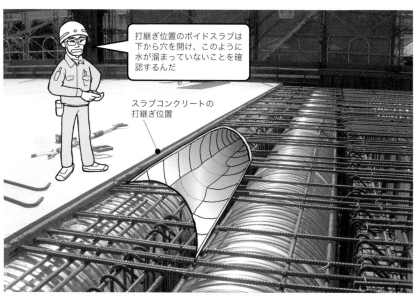

鋼製スパイラルボイドを使ったボイドスラブの打継ぎ。ここから水が入った

14 かさ上げコンクリートが反る？！

✕ トラブル　コンクリート板は乾燥する面が縮んで反る！

　吸湿性のある一般の建材は、湿潤状態になると伸びて、乾燥状態になると縮むように伸縮する。板状の建材では一方の面が湿潤状態で、他方の面が乾燥状態になれば、乾燥面が縮むように反りが生じる。

　コンクリートは硬化した後も多くの水を含んでいる。セメントとの水和反応に使われない余剰の水は、コンクリート表面からゆっくりと放散される。コンクリート板の片面だけが乾燥すると、硬化したコンクリートでも乾燥する側が縮む。そのため周囲から拘束されていない室内のかさ上げ用などの板状コンクリートは、表面が乾燥する過程で上方に反り上がりやすい。写真はその結果で周囲の床表面と段差ができてしまったものだ。

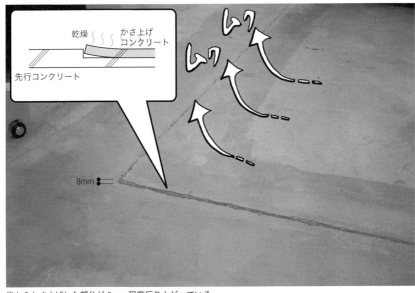

後からかさ上げした部分が8mm程度反り上がっている

コンクリートが「縮む」ことは知ってますけど、「反る」ってどういうことですか？

重くて硬いコンクリートでも「反る」ことがあるんだ。

対策　反りを拘束するスリップバー

　表面に長尺シートなどの仕上げ層があると、コンクリートの乾燥が防げるので反りも生じにくいが、いったん反りが発生してしまうと元に戻すのは無理だ。表面を擦り付ける程度の補修しかできない。

　段差の発生を防止するためには、周囲のコンクリートとの打継ぎ部分に「スリップバー」を入れるのがよい。スリップバー（丸鋼）は、面内方向の挙動は許し、面外（段差）への動きを拘束するための常套手段だ。

　先行打設するコンクリートに約 400mm の間隔で丸鋼（φ13）を打ち込む。打ち込まれる鉄筋の表面はコンクリートと付着させないようテープや塗料などで被覆する。付着すると面内の動きを拘束してスリップバーの先端あたりでひび割れが生じてしまう。

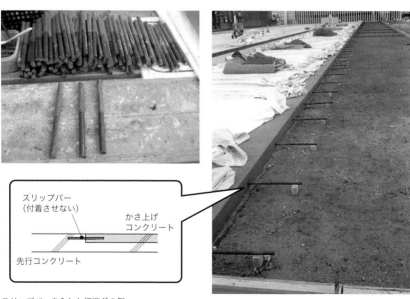

スリップバーを入れた打継ぎの例

15 許されない厨房の水溜まり！

❌ トラブル 食品衛生でチェックされる床勾配と水溜まり

　食品を製造する工場でなくても、建物内の厨房などの食品を取り扱う施設では、食品施設の基準を意識した特別の施工管理が必要だ。その施設で営業を始める場合は、保健所などによる食品衛生施設としての検査を受けなければならない。検査を受けるのは営業をしようとする者であって建物の施工者ではないが、施設基準を満足していないと、後から補修を求められることになる。施工上のポイントの一つが、床の勾配だ。床を水洗いした後に水溜まりが残るような状態だと必ず補修を求められる。発注者や設計者は、できるだけ勾配のない床を要求しがちだが、決して水が溜まってもよいわけではない。

排水溝の際にできた水溜まり

床の勾配を緩くしてと言われてそうしたんですけど、水溜まりができちゃったんです…。

水が溜まってもよいと言う発注者はひとりもいないぞ！

対策　水を扱う施設の床に水溜まりは禁物！

　水洗いをする厨房内の床の勾配は、設計図で100分の1とされていることが多いが、そのままでは水溜まりができてしまうと思った方がよい。床勾配は75分の1程度を目指して施工したい。

　それでもなお、排水溝の際で水溜まりができてしまうことがある。それは、コンクリートを打設する時に、排水溝の枠をアタリにして天端を決めるために、その後のコンクリートの沈下で天端レベルが下がってしまうことが原因の一つだ。枠よりも下がることがないように、単位水量の小さなコンクリートを使って、勾配の擦り付け調整を行う。

　介護施設の浴室など、水を扱う施設では同様の問題を耳にする。水溜まりができないような水勾配の管理を行いたい。

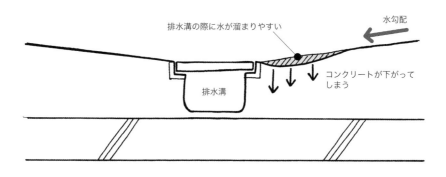

水溜まりができないよう勾配確保

16 凹んでしまう床の金物

❌ トラブル　エキスパンションジョイント金物の耐荷重不足

　建物のエキスパンションジョイント（以下、EXP.J）部分に取り付けた室内の床の金物に不具合が生じるのは、次の二つの原因によることが多い。

　一つは、想定された耐荷重を超えて使われている場合。たとえば、病院などの給食用配膳カートは、近年、重量が大きくなって数百kgになるものもある。暖かい給食を運ぶために、大容量のバッテリーが積まれるようになったからだ。配膳カートのキャスターによる集中荷重が、金物を損傷する。もう一つは、取り付け施工時の配慮不足だ。床のEXP.J金物は、床コンクリートの端部を欠きこみ、レベルを調整しながら取り付ける。欠きこんだ部分のレベル精度不足や、充填が不足していた場合には、使い始めて繰り返しの荷重がかかることで動いてしまう。

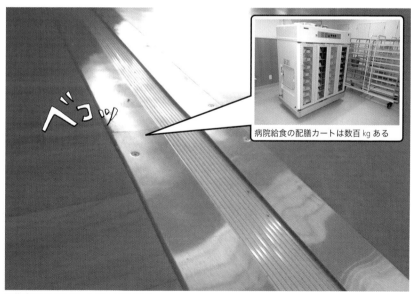

病院給食の配膳カートは数百kgある

過荷重で凹んでしまった床のEXP.J金物

近頃、床のエキスパンションジョイント金物が壊れる事例が多いように思うのですけど…。

床のエキスパンションジョイントはトラブルが発生しやすいからこそ念入りな施工が必要だ。

「床としての機能」も必要

　床のEXP.J金物は、その施設の用途に見合ったものを採用する。床は人が歩くだけではない。重量のある給食用配膳カートや騎乗式の床清浄機に限らず、運搬用台車やキャスター類を使用する施設では注意が必要だ。その建物が使われ始めてから、床のEXP.J金物を通過するものを想定してみよう。

　EXP.J金物の取り付け作業では、部分的に薄い鉄板やクサビの「咬ませ物」を使ってレベル精度を調整しながら取り付ける。そのまま仕上げてしまったのでは咬ませていない部分が下がりやすい。レベル調整を済ませた後は、全体にわたって欠き込んだコンクリートと金物の隙間に無収縮モルタルを詰め込むなどの配慮が必要だ。

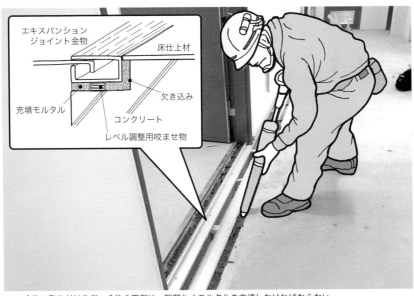

EXP.J金物の取り付け作業。金物の下側は、隙間なくモルタルを充填しなければならない

2章

仕上げ工事

仕上げ工事は、さまざまな工種や材料、工法がありとても範囲が広いものです。汎用なものから高級なもの、場合によっては二度と経験することがないような特殊な仕上げもあります。一方で、躯体工事とは異なり、仕上げ工事はやり直すことができるという側面もあります。建物が使われる長い期間、躯体はそのままでも表面の仕上げは何度も改修することがあります。

　表面に見える仕上げ工事は、建築技術者としてやりがいを感じる部分でもあります。仕上げの品質を作業員任せにするのではなくて、技術者としてどこまでのレベルを可とするか、自身の基準をしっかりもっておきましょう。ここでは、「建物外部」「建物内部」「サッシ・建具」「防水・止水」という分類にしました。

17 ALCの鉄筋がなぜ露出？

鉄筋が露出するALCパネルの切断面

　ALC（Autoclaved Lightweight aerated Concrete：高温高圧蒸気養生された軽量気泡コンクリート）工事では、施工図の割り付けにしたがって加工されたALCパネルを現場で取り付けるのだが、しばしば現場でもパネルを切断することがある。その場合の鉄筋切断面はどのように処理しているだろうか。RC造のアルカリ性の強いコンクリートと違ってALCのpHは中性に近いので、中に打ち込まれている鉄筋は錆びないように防錆処理されている。しかし、切断した場合の切り口には防錆処理が必要だ。

　切断したALCパネルは、外壁のコーナー部分などの露出するところで使われることが多く、十分な錆止め処理を怠って塗装工程に進んでしまうと、数年で錆が発生することになる。

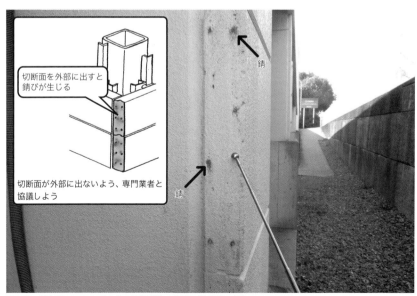

竣工後、数年経ってALCパネルの切断部分で鉄筋の錆が出てきた

ALC の中の鉄筋は錆びて劣化することはないのですか？

ALC の鉄筋は表面に防錆処理がされているんだ。

対策　切断面を外部に露出させない

　現場で切断した ALC パネルは、鉄筋の錆止め塗装を行うが、錆止め塗装をしても外部に面した部分には使用しないほうがよい。ALC 工場で切断されて出荷前に防錆処理されているパネルも、外部で使うには十分な防錆とは言えない。

　どうしても切断した部分を外部に面して使用しなければならない場合は、鉄筋の切断面が露出することがないように 10mm 程度彫り込みを行い、鉄筋の錆止め塗装を行なったうえ、ALC 補修材で埋める。

　とはいえ、まずは切断面が外部に面することがないように専門業者と協議しながら施工図段階でパネルの割り付けを考えておくのが一番だ。

彫り込んで鉄筋の防錆処理をしている切断面

ALC 工場で出荷前に防錆処理された切断面

18 ALCパネルはデリケート！

❌ トラブル 他の部材との接触による破損

　ALCやECP（Extruded Cement Panel：押出成形セメント板）などのパネル形式の壁材料は、躯体に取り付けて壁部材として使用される。これらのパネルは、地震や温度伸縮などによる躯体の動きに追従してそれぞれのパネルが独立して動く。パネル間の目地がずれ動くことでパネルそのものは損傷しない。しかし、パネルが周囲と絶縁できていなければ、その部分に割れなどの損傷が生じることになる。

　下左の写真は、ALCパネルを建込む際に生じた小さな傷を補修した部分の周囲が、竣工後数年経って大きく割れて剥がれたもの。補修材が、まわりの目地に入り込んでパネルの動きを阻害したことが原因だ。

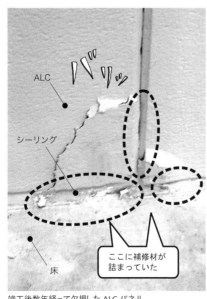
竣工後数年経って欠損したALCパネル

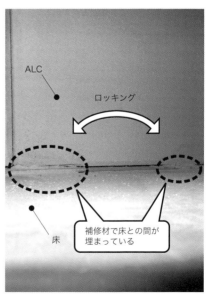
仕上げのシーリングをする前に除去する

ALCパネルが破損するのはどんな時ですか？

パネルの動きを拘束する部分があると問題が起きるぞ。

ALCパネルは周囲と絶縁！

　ALCやECPなどのパネルは、躯体の取り付け部分以外は完全に絶縁されていなければならない。それぞれのパネルは、作用する自重や風応力に対して十分な耐力がある。地震などの建物全体の動きに対しても、その力がパネルに伝わることがないように取り付けられていなければならない。干渉する部分があれば必ずその部分で不具合が発生する。

　パネルの傷を補修する場合には、パネル周囲の目地部分に補修材が入り込まないように注意する。絶縁すべき目地部分に補修材が入り込むと、将来その周囲が割れる。鉄骨などがパネルを貫通する部分は、パネルの動きを拘束しないように周囲にクリアランスを設ける。

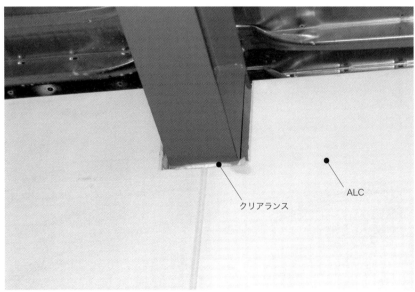

貫通部分がパネルと干渉しないよう周囲にクリアランスを設ける

19 ECP パネルはバイメタル

❌ トラブル　矯正しようとした ECP パネルの割れ

　外壁に使用している ECP パネルが割れた。調べてみると、パネルの変形（反り）を矯正しようとして、取り付け部以外でパネルを拘束していたことが原因だった。

　ECP は一方向の中空板で、両面を構成する部分がリブでつながった構造になっている。そのため、一方の面が伸縮するとバイメタルのように伸びた側が凸状にパネルが反る。

　現場でタイルをモルタルで張付けたり、耐火被覆のロックウールを吹付けることなどで、反りは生じる。これはパネルの片面が吸湿によって伸びるからだ。竣工後も日射による表面温度の上昇で、外に凸状に変形する挙動を日常的に繰り返す。

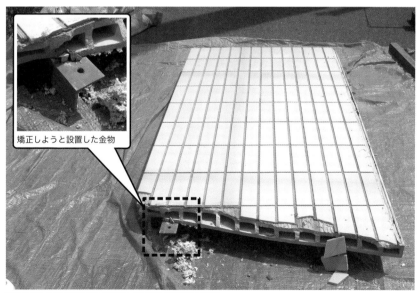

矯正しようと設置した金物

ECP パネルの中央で拘束していた金物を起点に割れが発生

あのムクムクと波打っている外壁は、ECPの壁ですよね？ あんなに波打って、大丈夫ですかね…。

ECPは、温冷乾湿によって変形しやすい建材なんだ。

ECPパネルは反ってもそのままに！

　どのような建材でも、温冷乾湿による伸縮は生じる。ECPはセメントの水和反応で硬化した材料であり表面は硬いが、タイルのように焼成したものではないため特に乾湿変化による伸縮が大きい。ECPパネルの変形を抑えるには、タイル張りに有機系弾性接着剤を使用することや、耐火被覆材を吹付ける場合に吸い込み防止の処理をする方法が考えられる。ただし、そうした方法でもパネルの反り変形を完全になくすことは困難だ。

　だからといって、パネルの反りを矯正するために機械的に引っ張るなどしてはならない。取り付け部分以外で日常的な挙動を拘束すると、そこを起点に割れが生じやすい。ECPは反るものということを、関係者にも理解してもらう必要がある。

ECPパネル

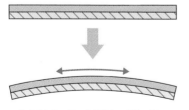
拘束された2枚の熱膨張率の異なる板は伸びた板側に凸に反る

バイメタルの原理

日射を受ける外壁のECPが反ってるのがわかる

20 手摺の取り付けはだれの指示？

❌ トラブル　人命に関わる手摺の強度！

　手摺の重要な機能の一つが「強度」だ。取り付けられる場所と目的によってさまざまな形状があり、必要とされる強度も異なる。多数の人が寄りかかるような場所の手摺が、万が一脱落するようなことがあれば大惨事になる。

　ところが、手摺に必要な強度や取り付け方法の詳細が設計図に記載されていることは少ない。法的な基準はなく、建築確認申請で必要な項目ではないからだ。

　しかし、設計図に記載がないからといって、施工者の判断で決めてよいわけではない。手摺に作用する力を想定して、どのように取り付けるのかを決めるのは設計者の業務だ。

手摺が脱落することがあってはならない

手摺の取り付け方法は、だれに決めてもらえばよいですか？

その場所ごとの必要な強度と取り付け方法を、設計者に決めてもらおう。

取り付け仕様は関係者で知恵を出す

　手摺の取り付け仕様について、施工現場の作業員任せになってはいないだろうか？　溶接なら、溶接長さはいくら必要なのか？　ボルトなら、ボルトの径と本数は？　確認が必要な施工管理ポイントの一つだ。その手摺の取り付け方法を決めるのは設計者の業務だ。

　ただし、施工者としても、これまでの経験や施工条件から、やり方の提案をすればよい。設計者に最終判断をしてもらうとしても、設計者と施工者がお互いに技術者として知恵を出し合って良いものをつくるという姿勢が、現場を上手に進めるコツだ。

具体的な手摺の取り付け方法を作業員に指示しているか？

21 どぶ漬け鉄骨には穴がある

❌ トラブル　溶融亜鉛めっき鉄骨の穴から漏水

　建物に使われる鉄骨は、耐久性を考慮してどぶ漬け（溶融亜鉛めっき）の処理がされることがある。どぶ漬け作業は、亜鉛を溶かした高温の大きな槽に、加工した鉄骨を所定の時間漬けて表面に亜鉛を付着させる。

　処理される鉄骨には、中空のパイプ形状のものや、たくさんのプレートが取り付けられて加工されているものもある。そのままでは、亜鉛槽に漬ける時に空気が閉じ込められたり、また引き上げる時に溶けた亜鉛が溜まる部分ができるので、要所に「どぶ抜き」と言われる「穴」を開けておく。どぶ漬けの作業ではこれを省略することはできない。その穴の存在を忘れてしまうと、雨水が入って漏水の原因になることがあるので、注意すべきポイントの一つだ。

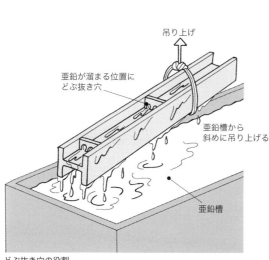

どぶ抜き穴の役割

漏水とは無関係の位置にあるどぶ抜き穴の例

丸パイプのどぶ抜き穴の例

どぶ抜き穴ってそもそも、どうして必要なんですか？

どぶ抜き穴がないと、めっきをする時に不良部分ができてしまうんだ。

どぶ抜き穴の雨仕舞を忘れずに

　どぶ抜き穴の位置は、鉄骨の施工図でチェックする。取り付けや止水納まりを考えて、適切な位置に開けるよう指示する。施工図で十分などぶ抜き穴が指示されていない場合には、めっき工場が独自の判断で穴を開けてしまうこともあるので注意が必要だ。

　現場での鉄骨組み立て時には、建物の漏水につながりそうな位置にどぶ抜き穴が開いていないことを確認しよう。見つけた場合には塞ぎ鉄板を溶接して常温亜鉛めっき塗装などで表面処理する。溶融亜鉛めっきと同等の錆止め処理をしておかなければ、その部分に早く錆が生じることになる。

　どぶ抜き穴が必要な位置は、どぶ漬け作業を知っている技術者には容易に判断できる。わからなければ鉄骨工場と打ち合せをしよう。

建物外部

角形鋼管の頂部に、どぶ抜き穴が開いたままになっていることが多い。雨が浸入しないよう処理する

22 バリ取りは入念に！

トラブル　バリの残りで怪我！

　溶融亜鉛めっきは、溶けた亜鉛で満たされためっき槽に漬けて、鋼材の表面に緻密な亜鉛層との合金被膜をつくることで防食性能を高める工法だ。

　めっき工場で高温のめっき槽から出したばかりの材料からは、溶けた亜鉛がしたたり落ちている。冷やされることで亜鉛も硬化するが、写真のようにしたたっている形状のまま「バリ」として硬化した亜鉛金属になる。亜鉛めっき工場では、グラインダーなどでバリを除去する作業を行うが、目視と手作業に頼っているので、しばしば見逃されたものが出荷されることがある。

　亜鉛は、金属としては比較的軟らかい材料だが、鋭く尖っているのでこのまま建物の部材として取り付けられると、触った人が怪我をしてしまう。

表面の亜鉛めっきに傷がつき、素地の鉄が露出しても、周囲の亜鉛が鉄より先に溶け出すことで電気化学的に鉄が保護され腐食を防ぐ

溶融亜鉛めっきの犠牲防食作用

めっき槽から出てきたばかりのバリが付いた鋼材

手摺に残ったバリでお客さんが怪我したそうです。バリ取り、確認したはずなのに…。

目視だけではわからんぞ！よく触って確認することだ！

対策　バリ取りにも気を配ろう

建築現場で溶融亜鉛めっき部材を取り付ける作業では、作業員が保護手袋をしていることもあって、小さなバリには気が付かないままになってしまうことがある。建物の竣工前検査では、バリが残っていないことを隅々まで手で触って確認しよう。

除去作業でめっきに傷がついて、素地の鋼材が現れてしまった場合には、常温亜鉛めっき塗装などの信頼できる方法で補修を行う。ただし、傷が5mm程度の大きさまでなら、亜鉛の電気化学的な犠牲防食作用で傷が塞がるとされている。

溶融亜鉛めっき階段の手摺のバリ取り作業

23 亜鉛めっきとひと口に言っても…

✕ トラブル 「めっき」の種類で耐久性が異なる

　現場で使われる建材や仮設材には、耐久性を向上させるために鉄の表面を「亜鉛めっき」したものがよく使われる。しかし、同じ「めっき」でも種類によって耐久性は異なるので区別をすることが必要だ。

　建築の鉄骨に施されるめっきは「溶融亜鉛めっき」だが、配管の取り付け治具や小さな部品類は「電気亜鉛めっき」で処理されているものが多い。建築物で使われる電気亜鉛めっきは、一般に溶融亜鉛めっきに比べてめっき層の厚さが薄く、同じ環境で使っていると電気亜鉛めっきの方が先に錆を生じる。

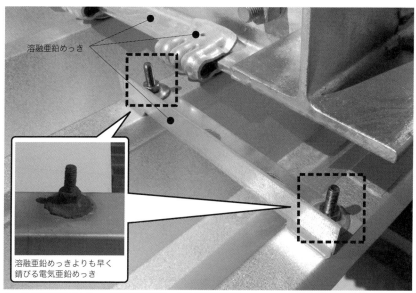

せっかくの耐久性向上も、一部の電気亜鉛めっきの金物が錆びる

亜鉛めっきをした材料は錆に対する耐久性能が高いんですよね。

そのとおりだ。でも、亜鉛めっきにも種類があるんだぞ。

対策　バランスよく材料選択をしよう

　溶融亜鉛めっきは、溶融している液体状態の金属亜鉛（融点約 450℃）の中に鋼材を浸漬させて、表面に亜鉛皮膜を付着させる。その製作作業の様子から「どぶ漬け」と言われる。

　電気亜鉛めっきは、電解溶液中の対象物を電極として通電し、表面にめっき金属を析出付着させる方法でつくられる。電気量で制御するので、溶融亜鉛めっきよりも表面金属の付着量を均一に正確にコントロールしやすいが、建築現場で使われる錆止めを目的とした電気亜鉛めっきは、どぶ漬けに比べると耐久性が劣る。鉄骨を溶融亜鉛めっきにしている場所では、周辺の部品類もバランスよく同じ溶融亜鉛めっきとしたい。

溶融亜鉛めっきの製作状況

24 SUSは錆びるもの？

✕ トラブル　塩化物イオンはSUSの敵

　ステンレス鋼（以下、SUS）は、鉄にクロムやニッケルなどを添加した合金だ。建築現場では「耐久性能が高い万能の金属」のイメージがあるが、ベースは鉄であり条件によっては錆が生じることも多い。

　SUSの高い耐食性は、クロムが空気中の酸素と化合してその表面につくクロム酸化皮膜（不動態皮膜）によるものだ。逆にこの皮膜が破壊されると、腐食が進行する。海からの海塩粒子や、プールや食品施設で使用される滅菌液に含まれる塩化物イオンは、表面の不動態被膜を破壊する作用が強く、SUSに錆を発生させる。また、「もらい錆」というのは、鉄粉などが付着して「異種金属接触腐食」を起こした状態のことだ。

メンテナンスをしておらず表面に錆が生じている

海の近くのSUS樋が錆びた例

取り付けた SUS 製手摺が錆びるなんて…。粗悪品だったんですかね？

ステンレスは文字通り「stain + less ＝さびにくい」だけだ。メンテナンスフリーではないぞ。

対策　SUS にも種類があることを知ろう

　金属として SUS の種類は多く、さまざまな用途に使い分けられている。SUS は磁石につかないと思っている人もいるが種類による。

　設計図に、単に「ステンレス」と記載されている場合は、SUS430 や SUS304 がよく採用される。必要な性能（強度・耐食性・装飾性など）を見極めて選択したい。ドアハンドルやタテ樋などの商品化された SUS 製品には、表面保護のために焼付塗装を施して耐久性能を上げた商品もある。

　建物の引き渡し時には、SUS といえども清掃メンテナンスが不可欠であることを建物の管理者に伝えておきたい。通常は水拭き清掃で十分だが、錆が発生してしまった場合には、SUS 用のクリーナーで早めに清掃してもらう。

SUS304 と SUS430 の比較		
	SUS304 （オーステナイト系）	SUS430 （フェライト系）
耐食性	優れる （SUS430 より錆びにくい）	劣る （錆びにくい）
磁性	磁石につかない	磁石につく
光沢	強い	普通
成分	クロム・ニッケルの合金	クロムの合金

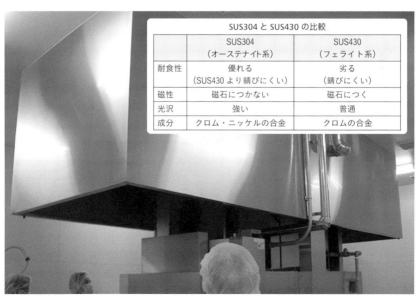
厨房の換気フードに使われている SUS

25 外壁のタイルが落ちてくる？！

❌ トラブル　接着力が弱いと剥離するタイル

　RC造の外壁のコンクリートに張付けてあるタイルが剥離するトラブルがしばしば発生する。竣工後数年で生じる剥離事故の多くは、直張り工法（モルタル下地がなくコンクリートに直接張付ける工法）のコンクリート下地と張付けモルタルの界面（二つの物質が接する境の面）で生じていることが多い。

　剥離の原因は一つではないことが多いが、いずれにしても「剥がそうとする力」が「接着する力」を上回った場合に生じる現象と言える。接着力が十分であれば剥離は生じない。特定の界面で生じている剥離は、その界面の接着力が不十分だった原因があるはずだ。

外壁のタイルの浮きと剥離

どうしてタイルが剥がれるのですか？ 接着の仕方が悪かったのかな…。

タイルには、自重や温度伸縮で常に剥がれようとする力が働くので、それを上回る力で接着しなければダメだ。

「接着する力」が大きくなる工法を選ぶ

　タイルの剥離防止には、「剥がそうとする力」を小さくする方法と、「接着する力」を大きくする方法がある。剥がそうとする力の一つが温度伸縮だ。剥離事故は、日射面で生じやすく北面では少ない。温度伸縮の対策にはタイル面に有効な伸縮調整目地を設ける。接着する力を確保する方法として以下の工法が推奨されるので設計者と協議する。最近は、有機系弾性接着剤で張付ける工法も実績を増やしている。

①超高圧水で下地コンクリートを洗浄・目荒し
②ポリマーセメントモルタルで全面に厚さ3〜7mm程度の下地層をつくる
③ポリマー（樹脂）が混入されている張付けモルタルを使用してタイルを張付ける

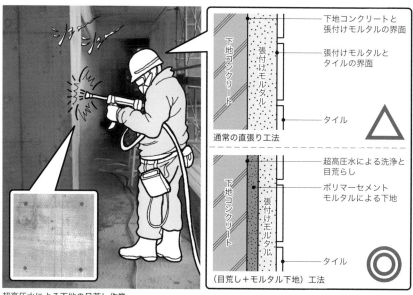

超高圧水による下地の目荒し作業

26 ガラスが「自爆」する？

❌トラブル 強化ガラスの「自爆現象」

取り付けてある「強化ガラス」が、竣工後何年も経っていきなりクモの巣状にひび割れてしまうことがある。これはガラスの「自爆」といわれる現象で、何の前触れもなく突然発生する。ガラスの内部に含まれるごく小さな硫化ニッケルなどの不純物が、経年で膨張することによって生じる現象だ。自爆したガラスではひび割れの中心部に黒い異物を目視で確認することができる。強化ガラスは、通常のガラスの数倍の曲げ強度をもつことと、割れた時には粒状に破壊することを特徴としている。熱加工によって表面に与えられた圧縮応力と内部の引張応力が、厚さ方向にバランスをとって安定している。しかし、内部の不純物の膨張によって応力に歪みが生じた時には、瞬間的にガラス全体が破砕する。

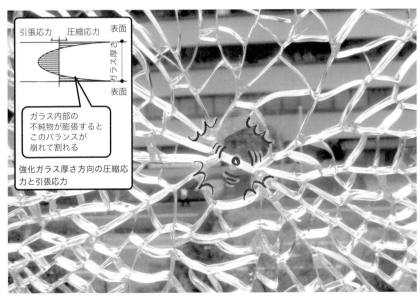

自爆の中心部に確認できる不純物

窓ガラスにいきなりひびが入ったんです……超常現象でも起こったのでしょうか……?

強化ガラスはその性質上、どうしても突然「自爆」する可能性をはらんでいるんだ。

対策　強化ガラスには飛散防止フィルムを張る

　残念ながらガラスの製造過程で、この不純物の混入を完全に防ぐことは困難なようだ。そこで強化ガラスに加工する最後の工程では「ヒートソーク試験」を行っている。完成した強化ガラスを加熱し、不純物があれば膨張～自爆させて欠陥品を排除する方法だ。ただしこの試験を通り抜けるものもあるようで、その確率は枚数にして1万分の1程度とされている。ガラスの原料に含まれる不純物が原因なので、薄いガラスに比べて厚いほど発生する確率が高い。

　割れることを完全に防ぐことは困難だとしても、バラバラになった破片が落ちないように飛散防止フィルムを張るというのが、現在のところ有効な対策方法のようだ。

飛散防止フィルム張りの施工

27 溶ける SOP ？！

❌ トラブル 油性系ペイントの変色・軟化

　鉄骨塗装によく使われる SOP（合成樹脂調合ペイント）を、コンクリート面に塗装すればすぐに剥離してしまうことはよく知られている。それは、SOPのような油性系ペイントに含まれる油分がコンクリートのアルカリに反応して変色や軟化を起こすからだ。

　鉄骨に塗装した場合であっても、コンクリートを伝ったアルカリ性の高い雨水が流れるようなところでは、短期間で塗料が冒される。

　かつて、交通量の多い道路を安全に横断するために、鉄骨に SOP 塗装した横断歩道橋が全国につくられたが、歩行面にコンクリートを打設していたために、短期間で塗膜が剥離したと言われている。

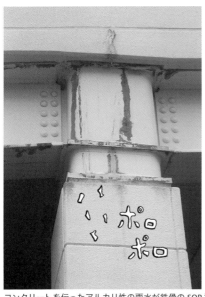
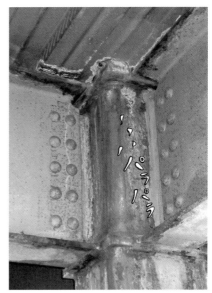

コンクリートを伝ったアルカリ性の雨水が鉄骨の SOP 塗装を侵している例

SOPが溶けるってどういうことですか?

油性系ペイントはアルカリに弱いので、コンクリートに接する部分では軟化することがあるんだ。

建材は取り合い部の相性を見極めよう

　SOPは、比較的安価で塗装作業性がよくコストパフォーマンスに優れている塗料であり、施工現場でも多用される。しかし、外部での耐久性はそれほど高くなく、2〜3年で塗り替える必要がある。さらに、アルカリ性の高い雨水が接触するような環境では、もっと短期間で剥離してしまうので、そのような部分には採用しないほうがよい。設計図で外部にSOPが指定されている場合は、ウレタン樹脂塗料程度の上位品質の塗料に変更するよう設計者と協議しよう。

　同様の理由で、鉄骨とコンクリートが取り合うところに雨水が溜まると、取り合い部分のSOPがすぐに剥がれて錆が生じる。こういう場所では、あらかじめ取り合い部に止水処理をしておく方法もある。

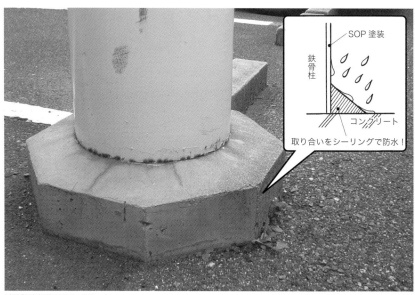

鉄骨柱脚根巻きコンクリート

28 すぐに剥がれるめっきの塗装…

❌ トラブル　ぽろぽろ剥がれる、溶融亜鉛めっきへの塗装

　溶融亜鉛めっきに塗装したSOP（合成樹脂調合ペイント）が短期間で剥離した。

　溶融亜鉛めっきをした鋼材は、外部でそのまま使用しても十分な防錆効果がある。しかし、キラキラと光沢のあるめっき色が嫌われ、表面に塗装することを求められることがある。めっきの上に塗装をすることで、さらに鋼材としての耐久性の向上を期待することができる。

　ただし、亜鉛めっきの上へ安易に塗装すると、短期間で剥がれることがあるので注意が必要だ。剥離の原因は、亜鉛めっきの表面は亜鉛の結晶が平滑で塗膜のアンカー効果が弱いことと、表面の塗膜を透過した水分と亜鉛が反応して、付着力が低下するからとされている。

短期間で塗装が剥離した溶融亜鉛めっき鋼材

めっきに塗装したのに、すぐに剥がれてきたんです。

基本を守って塗装すれば、剥がれることはないぞ！

対策　塗装前の下地処理と、塗料の選択を！

　めっきの表面に塗装をする場合は、確実な下地処理を行い、適正な塗装材料を選ぶことで剥離のリスクを減らせる。

　まず、めっきの表面は、素地調整の後、溶融亜鉛めっき専用プライマーで下地処理を行う。めっき後、数か月以上が経過してくすんだ色になっためっき面は比較的塗料と付着しやすいが、新しいキラキラしためっきは活性化しているので、念入りな表面処理が必要だ。

　塗装材料として、下塗材は、変成エポキシ樹脂塗料など付着性に優れた材料とし、上塗材は、ウレタン樹脂塗料など分子構造が緻密で水分が透過しにくい塗料を選択する。

確実な下地処理に適切な塗装材料を選ぼう！

29 屋上緑化は建材か？

屋上緑化の飛散はだれの責任？

　最近は、建物の屋上や屋根に緑地を設ける場合が多くなった。条例で緑化を義務付けている自治体もあり、それらに対応するさまざまな商品が販売されている。

　屋上の緑化は、防水を施した陸屋根ばかりでなく、勾配屋根にも計画される。いずれの場合も建物周囲の地盤面からは高い位置であり、風による飛散が心配される。

　建築基準法では、建物の部材は風などの外力で飛散しないことを要求している。しかし、屋上緑化を目的としているにもかかわらず、そうした検討が十分されていない商品も多い。

屋上緑化の例

屋上に植えた植物が、強風で飛散してしまって…。でも仕方ないですよね？

屋上緑化も建築物の一部だ！ 風で飛散させてはダメだ！

対策 将来のことも考慮した工法の選択

　屋上緑化はプランターや植木鉢を置くのと同じで、「建材」ではない、という考えもあるが、建築技術者が関わって施工するからには容易に飛散するものを屋上や屋根に配置することは避けるべきだ。パレットを並べるような工法の場合は、固定方法や耐久性を検討しよう。

　そうした配慮のない緑化商品を使わなければならなくなった場合には最低でもネットで押さえるなどの対策をする。ホコリのような土壌の粒子が飛んでしまうのは仕方ないとしても、緑化植栽の大きな塊が飛散することは避けたい。もちろんそれらが建物の排水樋を詰まらせることのないような仕組みや、維持管理業務のための人の動線にも配慮が必要だ。将来の防水層の補修や更新の方法についても忘れずに検討しておこう。

建物外部

ネットの設置例もさまざま。物件ごとに最適な網の目の細かさや固定方法を選ぼう

ネットでの飛散防止の例

30 相性の悪い ALC と GL 工法

❌ トラブル　プラスターボードが ALC パネルをまたぐと危険

　内装工事では、接着材でプラスターボード（PB）を下地に張付ける GL 工法がある。これは、GL ボンド（石膏系接着材）を、下地にダンゴ状に塗り付けて、柔らかいうちに PB を直接押し付けて接着させる工法だ。RC 造の建物ではよく採用される。

　ALC パネルにも接着可能なので、まれに設計図に盛り込まれていることがあるが、避けた方がよい。GL ボンドで取り付けられた PB は、下地の ALC パネルをまたいで張付けられるので、下地 ALC の動きで GL ボンドが破断して表面の PB が全面的に脱落してしまう。

　この工法を階段室の ALC 壁に採用していた建物では、地震時に PB が剥がれ落ちて避難通路の階段が使えなくなった。

ALC 下地のため地震時に壁の PB が剥がれ落ちた階段室（PB は撤去済み）

GL 工法を施工している状況

ALCパネルにGL工法でPBを張るのはどうしてダメなのですか？

動く下地にGL工法で張付けたPBはすぐに剥がれるぞ。

対策　動く下地にGL工法は厳禁！

　ALCやECPなどのパネル工法は、それぞれのパネルが動くことを忘れてはならない。特に壁の「面内方向」にパネルをまたいで留め付けるのは厳禁だ。

　ALCやECPともにGLボンドとの接着性がよいからと言って、こうした動く下地にGL工法を採用してはならない。設計図に記載されていたら、必ず設計変更を求めよう。内壁はLGS（軽量鉄骨）下地を設けてPBを張るのがセオリーだ。

　GL工法は、地震時の変形が小さな下地にしか採用できない。RC造の場合でも、耐震スリットなどの動く部位では、PBをまたがらせずに伸縮目地を設ける。

外壁ALCの内側にLGSで壁下地を設けた例

31 耐火材の不具合はだれの責任？

❌ トラブル　耐火材の脱落で耐火性能が不足

　鉄骨に耐火被覆として施工する「ロックウール吹付け」や「耐火塗料」には、竣工後に剥離などの不具合が発生することがある。

　耐火被覆材は単なる仕上げ材料ではなく、火災時に構造体を保護するための建材だ。脱落や剥離しないよう施工をしなければならない。脱落や剥離してしまった場合は直ちに復旧されるべきだが、そのまま放置されたままの事例も目にする。

　多くの場合、専門工事業者が責任施工で請け負う工事だが、元請けゼネコンとしては業者任せにすることなく、必要なポイントを管理しなければならない。一般認定や大臣認定を受けている機能性建材は、その認定条件通りの施工をすることと、その記録を残すことが重要だ。

剥離した耐火塗料

専門工事業者がしっかり施工していることをチェックするのも重要な品質管理だ！

鉄骨への耐火被覆吹付け作業

ちゃんと施工しておけば、脱落しても施工者の責任ではないですよね？

"ちゃんと施工をした"という記録を残すことが大切だよ。

 機能性建材は竣工後も目配りが必要

　耐火材などの機能性建材は、通常の美観を目的とした仕上げ工事とは異なるので、専門工事業者との取り決め契約においては、竣工後に脱落などの問題が発生した場合の処置や保証期間などについて盛り込んでおきたい。

　剥離などの問題が生じた時は直ちに補修が必要なことを、建物所有者（管理者）に理解しておいてもらおう。機能性建材の業界団体で維持管理指針が設けられているものが多いので、それらを参考にして日常の点検や専門業者との維持管理契約をお願いしておく。

　人が触れることなど外力による損傷が予想される時には、設計者と協議して保護対策を講じておくべきだ。

将来にわたって機能を維持しなければならないことを所有者に理解してもらおう

剥離したために補修工事中の耐火塗料

32 天井を突き破る吊りボルト！

✗ トラブル　使わないボルトが突き抜けて落ちる

　突然、天井ボードを突き抜けて長さ約1mのボルトが落ちてきた。天井フトコロで、塩ビ製給水管をスラブから吊っていたボルト（長ねじ）が外れて、天井ボードを突き抜けて落ちてきたものだった。突き抜けた天井の化粧PBにはボルト径の穴が開いていた。人の頭を直撃すれば大けがをするところだ。
　吊りボルトが外れた原因は明確ではないが、大きな荷重がかかっている吊りボルトが自然に回転して外れることはほとんど考えられない。吊り荷重の小さなものや、インサートに入れたまま使わずに放置されていた吊りボルトが、配管や上階の床振動で徐々に緩んで外れたものと考えられる。

不要な吊りボルトがたくさん放置されている例

天井を突き抜けてボルトが落ちてくるなんて考えられないですよね。

使わない吊りボルトだけでなく、不要材を天井フトコロに放置してはダメだぞ！

対策　天井フトコロの不要なものはすべて撤去する

　吊りボルトは、容易に外れないように手締めではなく、プライヤーなどの工具を使ってインサートにしっかりと締めこむ。

　荷重の小さな細径の塩ビ配管（概ね25A以下）を吊るボルトは、管の伸縮が大きくて振動しやすいので要注意だ。加圧方式の給水管など振動が大きな配管は、1スパン程度ごとに振れ止めを設けるなどの配慮をする。

　工事中に位置の変更などで、吊りボルトが不要になることは頻繁にある。不要になったボルトは放置せずに必ず撤去する。

　天井フトコロの空間には見えなくなるからといって不要材が放置されることがあるが、忘れずに回収する。不要になった工事中の仮設電線を放置していたために、漏電火災の原因を疑われたことがある。

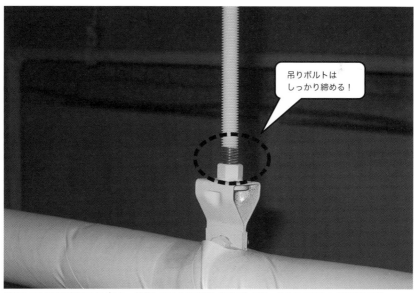

緩みかけた給水配管の吊りボルト。塗装しているので緩んだのがわかる。こうならないように締めこむ

33 洗面器の周りがボロボロ！

✗ トラブル　水が散ると、壁が剥げる

　竣工引渡し後、数年で手洗い器周辺の壁が剥げてきた。合板に塗装した部分は剥がれ、クロスは変色している。使用方法にも関わることだが、こうした場所で水が散ることは容易に想定できる。単に水が散って濡れるというだけでなく、頻繁に拭き清掃を行うところほど壁の剥がれが生じているようだ。

　トイレや厨房などの大量の水を使用する部屋では、たいていは設計でそれなりの配慮がされているが、こうした手洗い器などのちょっとした水回りでは考慮されていないことも多い。竣工後に短期間でこうなると、発注者から再塗装やクロスの張り替えを要求されることが多く、その費用を施工者で負担させられることもある。

洗面器周りの剥げた壁

洗面器周りの壁が剥げたので、直すように求められているんですけど…。

設計図通りの施工をしたからといってクレームが起きないわけじゃないぞ…。

対策 専門家としての材料選びを怠るな！

　塗装とクロスは、壁の代表的な仕上げ材料だが、通常は水には弱い。使用状況に応じて機能的な材料を選択するべきだ。水飲み場や手洗い器周辺は、化粧ケイカル板などの水に対する耐久性が高い材料を選択したい。清掃のしやすさも重要な要素だ。施設によっては頻繁に拭き掃除を行うのでそれに耐えられる材料でなければならない。表面にアクリル板やSUS板を張り付けるのも方法の一つだ。

　竣工後のクレームやメンテナンスに関する情報は、設計者よりも施工者に集まる。施工者は、設計図通りに施工するのが原則だが、建築の専門家として、建物の利用者の目線での建物づくりをしたい。

化粧ケイカル板で仕上げた洗面

34 タイルカーペットから異臭が？

✕ トラブル　VOCの指定品目以外にも臭いの原因がある

　コンクリートに直接タイルカーペットを張った床で、鼻につくような異臭がするというクレームがあった。VOC（揮発性有機化合物）の量を調べたところ、ホルムアルデヒド、トルエン、キシレンなど厚生労働省がシックハウス対策として定めている物質については指針値以下だったものの、タイルカーペットの裏面でアルコール臭のあるエチルヘキサノールが発生していることが確認された。この原因は、タイルカーペットのPVC（ポリ塩化ビニル）製の裏打ち材に含まれる可塑剤が、コンクリートからのアルカリ性の水分と反応した接着剤に移行（ブリード）して生じたものとされている。残念ながらいったん発生が始まると止まることはないので、タイルカーペットや接着剤をすべて除去しなければ解決しない。

異臭のする部屋でVOCの測定

試験紙でpHを確認するとアルカリ性が強い

カーペットを剥がして調査

新しい車や新築建物の特有の臭いは、そんなにイヤなものではないと思うんですよね。

心地よい臭いかどうかは主観によるぞ。少なくともシックハウスにつながる臭いは避けたいね。

対策　建築技術者にも、化学の知識が求められる

前述のような原因なので、対策としては以下が考えられる。

- 下地コンクリートが十分乾燥してからカーペットを施工する
  →この現象はコンクリートが乾燥しにくい土間構造や鋼製デッキの場合に発生しやすい。コンクリート表面の水分量が低くなっても、カーペットを施工した後で深部の水分が表面に移動することもある
- 可塑剤を含むPVCの裏打ち材を使ったタイルカーペットを使用しない
- ピールアップ用のアクリル樹脂系接着剤を使用しない
- コンクリート表面に水分の遮断層をつくって、コンクリートからのアルカリ性の高い水分を遮断する

建築技術者は化学が苦手？

35 ガラス鏡の「腐食」

❌ トラブル 「シケ」で醜く変色する鏡

　古くなった鏡が、部分的に黒く変色して醜くなってしまうことがある。周辺の縁（エッジ）部分、特に下端の縁に発生することが多い。これは鏡の「シケ」と言われる腐食現象だ。

　「鏡」は、ガラスの裏面に薄い金属の膜を密着させたもの。この金属膜が錆びるのがシケの原因だ。水分が触れたり、高湿度の環境にあると発生しやすい。下端の縁に発生しやすいのは、鏡の表面に散った水が下端に降りて水滴として溜まり、裏面の金属膜を濡らすからだ。

　いったん生じたシケは次第に広がる。元に戻すことはできないし補修も不可能。鏡を取り替えるしかない。大型の鏡だと交換作業も容易ではない。

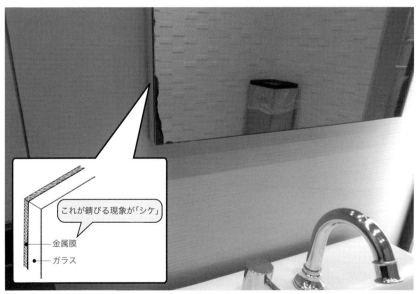

鏡の端に生じた「シケ」

鏡が端から黒く変色しているんです…。ガラスなのにどういうことですか？

ガラスではなくて裏面の金属膜が腐食しているんだよ。本来、鏡は水に対して弱いものなんだ。

対策　金属膜を防錆処理した耐食鏡

　シケを防ぐには、まず鏡の裏面に水が触れないようにすることが重要。鏡が設置される場所は、洗面所など水回りが多く、鏡に水が散りやすい。

　対策としては、鏡の位置を洗面器から離して水が触れにくくする。鏡の下に面台がある場合は乗せずに浮かせる、鏡の周囲を止水シーリングする、などの方法が考えられる。

　シケが生じないように、水に対する耐久性を向上させた商品もある。これらは、金属膜に水分が触れないように裏面を完全にコーティングしているので、浴室など裏面に水がかかる場所でも使用できる。

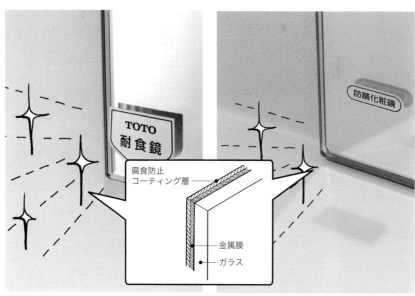

裏面を防錆コーティングした耐食鏡の例

36 高価な絵画が落下！

❌ トラブル ピクチャーレールが外れて脱落！

　絵画を掛けてあったピクチャーレールが脱落した。額に入った絵画の荷重に耐えられずにピクチャーレールが外れて落ちたものだった。ピクチャーレールに要求される許容荷重が曖昧なままに取り付けられていたものらしい。

　ピクチャーレールには、商品ごとに許容荷重があり、それを超える荷重が作用すると脱落することになる。ピクチャーレールのメーカーが示している許容荷重は、組み合わされる「レール」「ランナー」「吊りワイヤー」「フック」の最も弱いものということになり、「レール1mあたり」で表示されていることが多い。施工者にはその荷重に見合った方法で、レールを取り付けることが要求される。

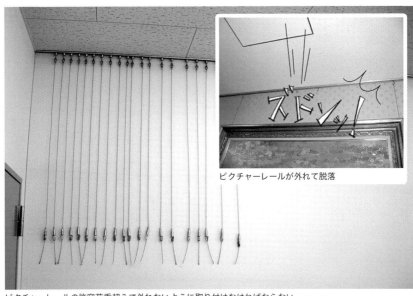

ピクチャーレールが外れて脱落

ピクチャーレールの許容荷重超えで外れないように取り付けなければならない

高価な絵画を掛けてあったピクチャーレールが外れて落ちたんです！

ピクチャーレールには、壁に付けるものと天井に付けるものがある。どちらの場合にも荷重に見合った取り付け方が必要だ。

対策 許容荷重を知ってもらうための表示をする

　ピクチャーレールの許容荷重に対して推奨される取り付け仕様は、メーカーによって異なるが、ほとんどのメーカーでは、下地に対して300mmまたは450mmピッチにビスで留め付けるようになっている。

　天井や壁の下地LGS材に直接取り付けるタイプのものは、許容荷重が10kg程度と考えた方がよい。許容荷重が30kgを超えるような重量タイプの場合には、専用の取り付け下地が必要だ。竣工後に脱落した事例では下地の強度が十分でないか、留め付けのビスピッチが守られていないことが多い。

　使用者がピクチャーレールの許容荷重を知らないまま重量物を吊ることがないよう見えるところに表示しておきたい。

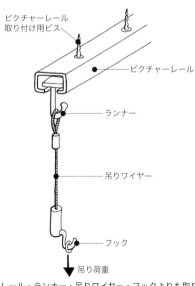
レール・ランナー・吊りワイヤー・フックよりも取り付け部分が弱いことが多い

ラベルライターによる荷重表示の例

37 避難口の有効寸法が足りない！

トラブル 180°まで開かない避難口の扉…

　防火戸など鋼製建具の有効幅は、一般には建具枠の内法(うちのり)寸法で決まる。ただし、それは開き戸の扉が180°まで全開できる場合であって、90°しか開かない場合にはそれだけ内法有効寸法が小さくなる。

　出入口周辺に取り付けられる設備機器が扉の開放の障害になる事例は思いのほか多いので注意が必要だ。設備機器だけでなく、避難通路になっている屋外階段の手摺に当たって180°開けることができない例もある。

　建具の有効寸法は、通常の人や物の出入りだけでなく、防災に関わっていることが多いので疎かにはできない。

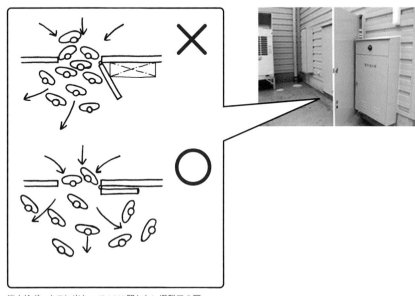

消火栓ボックスに当たって180°開かない避難口の扉

消火栓ボックスに扉が当たって、完全には開かないんです。

扉が全開できるかどうか、周辺の検討が十分じゃなかったってことだな。

対策　有効開口寸法には余裕をもって

　設計図には必要な開口の最小寸法が示されているので、それを確保する必要がある。特に「避難安全検証法」で設計されている建物では、避難口の有効寸法だけでなく、避難距離にかかわる位置の変更や、火災時の煙の滞留時間が変わるような開口高さの変更は困難だ。出入口だけでなく排煙窓も同様で、法的な要求のある建具は特に注意する。

　出入り口周辺に設備機器などがあって扉の開放の障害になる可能性がある場合には、余裕のある寸法で建具を製作しておくのも対策の一つだ。扉の厚さだけ枠の幅を大きく製作しておくと、扉が90°しか開かない場合でも必要な開口寸法が確保できる。

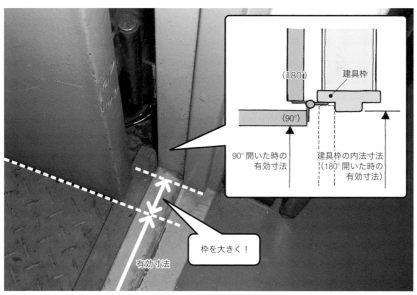

扉が90°しか開かないと開口幅が確保できない。それを見込んで枠を大きくつくっておくこともある

38 建具は引き残す！

トラブル 指を詰めてしまう引き戸

　引き戸や引き違い形状の建具で、扉を開ける時に指を詰めてしまうことがある。写真のような、扉が戸袋に納まるよう表面に出っ張らない「掘り込み引手」を採用した木製建具の場合に多い。

　簡易な戸棚の引き違い扉でも同様のことがよく起きる。軽い扉は勢いよく動きやすいし、重い扉は止まりにくいので、どちらにしてもケガをしやすい。

　保育園や老健施設などでは、爪を剥がしたり指を骨折するなどの大きな事故につながることも多く注意が必要だ。

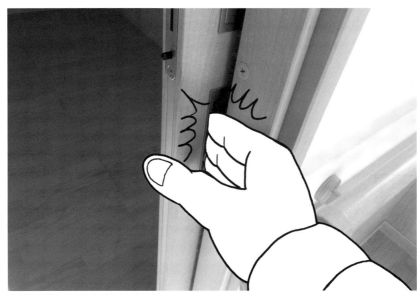

引き残しがないと、指を詰めてしまう

引き戸で指を詰めたんです…。痛くて、痛くて…。

施工者として配慮が足らなかったようだね。

対策　少しの工夫で引き残しはつくれる

　木製建具の指詰め防止金物の一例として、写真のような着脱可能な引き残し金物が販売されている。こうした専用金物を使う以外にも、建具のレールや溝部分に簡易な木片を取り付けるだけでも効果がある。着脱できるようにしておくと、通常時は指詰め防止に引き残しを確保し、引っ越しなどで大型のものを出し入れする時には外して、有効幅をいっぱいに使用するということも可能だ。

　アルミサッシではメーカーに引き残しのための専用部材があるので、施工図で指示しておく。設計図に記載がなくても、建具で発生する事故を防止する提案をしたい。

戸袋の奥に取り付けた専用の金物。必要な時には取り外せる

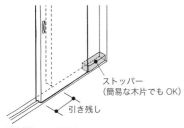
引き残しのつくり方

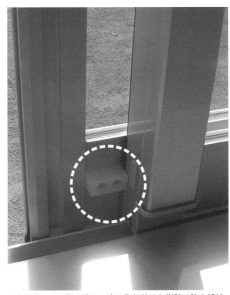
アルミサッシの引き違いの窓に取り付けた指詰め防止部材

39 効果の大きな「小さな庇」!

トラブル ✗ 扉からの雨水の浸入

建物の外部に取り付ける出入口は、通常「外開き」とする。その一番の理由は、雨仕舞がしやすいことだ。外壁の建具をゴムパッキンを取り付けたセミエアータイト（SAT）にすることで水密性、気密性を高めることができる。それでも内開きでは雨水を完全に防ぐことは困難だ。

外開きにした建具からも漏水することがある。最も多いのは、扉の上部からの雨水の浸入だ。建具の扉は可動するので、建具枠との間に必ず隙間がある。この隙間（特に扉の上部）に雨水が入ると、扉の内面を伝う。伝った雨水は、扉の下端で外部に出ることが多いのだが、扉の内側が濡れるので漏水と見なされる。

扉の内側が濡れてしまった外部に面した鋼製建具

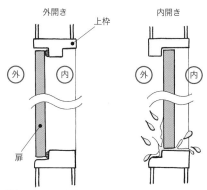
外部に面した鋼製建具の外開きと内開き

こんな小さな庇が役に立つのですか？

「小庇」や「水切り」は漏水防止に抜群の効果があるんだぞ。

対策　効果抜群！　小さな庇でも水切り効果

　鋼製建具の扉上部から雨水の浸入を防ぐ方法は、庇を付けることだ。降雨時の出入りに傘をさしたりたたむ場所が必要なら、壁に大きな庇を設ける。しかし、扉上部からの漏水を防ぐだけなら、建具枠の上部に出幅（ではば）30mm程度の小さな庇を取り付けるだけで十分な効果が期待できる。

　この小庇は、扉上部の隙間に直接降りかかる雨水を防ぐだけでなく、建具より上の壁を伝って落ちてくる大量の雨水を、扉にかけないようにする役割がある。壁に取り付ける庇とは異なり、建具工事として施工図に盛り込んでおけば、建具の取り付けと同時に小庇も施工完了となる。

サッシ・建具

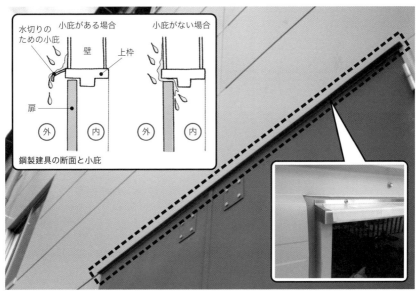
水切りの小庇を枠に取り付けた鋼製建具

40 窓の方立(ほうだて)頂部が漏水の入口

✗ トラブル　連窓サッシの組み立て部分は要注意

　アルミの連窓サッシが取り付けてある建物で漏水が発生した。調査の結果、雨水の浸入口は、サッシのタテ方立の上部からであった。

　ここから入った雨水は方立の中を伝い落ちて、連窓サッシの下部から建物内に入り込む。ところが、漏水はその位置で室内には出てこずに、壁内を伝ってさらに下階まで落ちて見つかることが多い。

　下階のサッシ上部のカーテンボックスからの滴下で漏水が発覚したため、当初はその階のサッシ上部から雨水が浸入したものと考えていたが、調査の結果、上階のサッシからと判明した。鉄骨構造の建物の場合、漏水が見つかった階だけでなく、階を隔てた上層階も疑ってみることが必要だ。

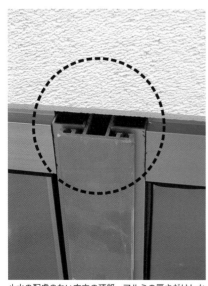

止水の配慮のない方立の頂部。アルミの厚さだけしか接着できない止水シーリングはすぐに破断し漏水する

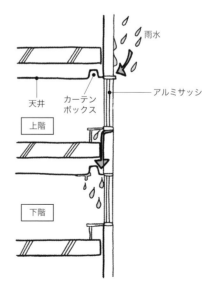

タテ方立頂部から入った雨水が下階のサッシ上から出てきた

アルミサッシの窓の上から漏水するってことがあるんですか?

アルミサッシは部材の組み合わせでできていることを忘れないようにしよう。

対策 タテ方立には止水キャップを取り付けよう

　アルミサッシは、アルミを押し出し成型した形材を組み合わせて、工場で組み立てる部分と、現場で組み立てる部分からなっている。今回の漏水事例では、現場で組み立てた「方立」の頂部の止水処理が完全でなかった。押し出し成形した形材の端部(小口)はアルミの厚さだけしかないため、シーリングだけで止水をするのは難しい。方立の頂部も同様なので、サッシ工事で止水キャップを設ける。

　アルミサッシの施工図のチェックでは、一般に描かれているタテ断面とヨコ断面だけでなく、方立の頂部や部材の継手部がどうなっているかを見逃してはならない。合わせて「(別途工事)」と書かれている部分は、どの業者の施工区分なのかも確認しよう。

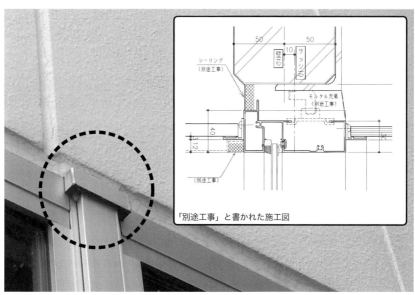

方立の頂部に止水キャップを取り付けた例

41 サッシが壁を壊す！

✗ トラブル　アルミ水切り板の伸縮で壁が壊れた？

　RC造の外壁に取り付けたダキ納まり（開口部が建具に被さる納まり）のアルミサッシで、水切り板の端部の壁に生じたひび割れから室内に漏水した。原因は、アルミの水切り板両端の立ち上がり（水返し）だ。サッシを取り付けた後、周囲のトロ詰め（RCとサッシの隙間にモルタルを充填すること）をした時に、その部分を埋め込んでしまった。アルミ水切り板は温度変化による伸縮が大きいために、埋めたモルタルを引っ張って壊してしまったのだ。

　このコンクリート壁の開口隅角部分は、壁を貫通したひび割れが入りやすい部分で、壊れた部分から入り込んだ雨水はひび割れを通って室内に漏水する。

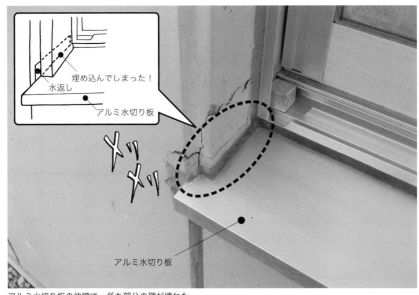

アルミ水切り板の伸縮で、ダキ部分の壁が壊れた

アルミサッシの横の壁が壊れたんです…。

アルミは建材としては温度伸縮が大きいことを忘れてはいけない。

伸縮するアルミ水切り板は端部を絶縁

　アルミは、鉄よりも熱膨張率が大きい。アルミサッシの開口幅が大きく、水切り板が長いほど、伸縮量が大きくなり、端部の不具合が生じやすい。水切り板を取り付ける溶接間隔をいくら短くしても、温度伸縮を完全に抑え込むことは困難だ。

　こうした典型的なRC造のダキ納まりのサッシでは、アルミ水切り板の端部をトロ詰めで埋めてはいけない。温度伸縮を拘束しないように周囲と絶縁して、表面を弾性シーリング材で止水するよう施工図に反映させる。サッシを取り付けた次の工程で行うモルタルのトロ詰め作業で、左官職人にアルミ水切り板を埋め込まないように指示する。問題が生じるのは、具体的な指示をせずに作業員任せにしているからだ。

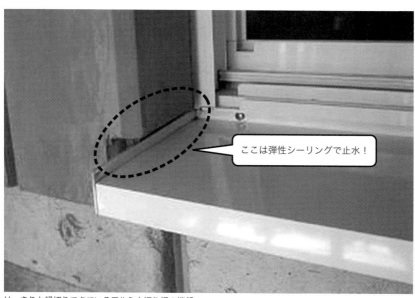

はっきりと縁切りできているアルミ水切り板の端部

42 防水層は立ち上がり端部が弱点

❌ トラブル 弱点になりやすい防水端部

　屋上のパラペットなどのメンブレン防水（膜で覆う防水）の立ち上がり端部は、防水の弱点になりやすい部分の一つだ。漏水トラブルはこの周辺が原因になっていることが多い。

　単に防水端部が剥がれないように、金物で押さえて止水処理をしただけでは止水処理が十分とは言えない。端部処理のアスファルトコーチングやシーリング材は、露出された状態では耐候性が十分でなく雨水と日射で劣化する。劣化した部分からは、容易に雨水が防水層の裏面に回り込む。

　いくらグレードが高く品質のよいメンブレン防水層を施工したとしても、端部に弱点をつくってしまうと、全体としてのバランスを欠いていることになる。

防水層の端部は押さえているので剥がれていないが、立ち上がり端部や上部のひび割れから防水層の裏に水が入り込んで漏水した

防水層の端部は、剥がれてこないように金物で押さえるんですよね？

端部は押さえるだけでなく、雨水が入らない耐久性ある納まりにしよう！

端部の劣化を防ぐ納まりが大切

　メンブレン防水の端部はしっかりと金物で押さえ、雨水がかからない納まりにする。いくらアスファルトコーチングやシーリングで端部処理をしても、雨水が降りかかるような納まりでは短期間で漏水する。

　防水端部は、押さえ金物の上部に「水切り金物」をかけるか、コンクリートの「アゴ」を設ける。アゴには水切り目地を設けて雨水がアゴ裏を伝って防水端部に達しない納まりにする。雨水や直射日光を避けることで、端部処理の材料の耐久性が向上する。

　さらに、コンクリートのひび割れから雨水が浸入して防水層の裏に回り込むことを防ぐために、コンクリートのパラペットやアゴには「金属笠木」や「塗膜防水」を設けたい。

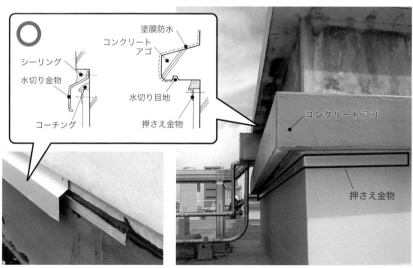

防止端部を水切り金物で納めた例

コンクリートのアゴで水切り形状になっている。アゴはひび割れても雨水が浸入しないように塗膜防水されている

43 保護コンクリートが防水層を破断

❌ トラブル　絶縁不良で破れる立ち上がり防水

　アスファルト防水層を保護すべき「保護（押さえ）コンクリート」が、防水を破断させてしまうことがある。

　屋上の保護コンクリートは、気温や日射での温度変化による伸縮が大きい。その動きを吸収するために伸縮目地を設ける。さらに、保護コンクリート端部の防水立ち上がりに接触する部分にも緩衝材が必要だ。これを省略すると、接触部分で防水層が破断することがある。保護コンクリートが伸縮を繰り返すことで防水層が傷つくためだ。

　車路のスロープなどでは、保護コンクリートが自重で下方にズレようとする力と温度伸縮とが合わさって、立ち上がり防水層の破断事例が多い。保護コンクリートが防水層を損傷させることになっては本末転倒だ。

スロープの保護コンクリートが動いて立ち上がり防水にシワが生じている

アスファルト防水の立ち上がり部分が破断したんです……！ 何が原因でしょうか？

保護コンクリートの端部に緩衝材がないと、「破壊コンクリート」になってしまうよ。

保護コンクリートは周囲と絶縁！

　保護コンクリートが防水立ち上がりに接触する部分には、必ず緩衝材を設ける。緩衝材にはさまざまな形状の既製品があるので、使用する場所に合ったものを採用する。

　緩衝材や伸縮目地は、保護コンクリートの全断面が絶縁するように設置しなければならない。レベル調整のためなどで緩衝材の下部を空けていると、設置固定用のモルタルや打設するコンクリートが回り込んでしまい、絶縁や伸縮を阻害するので注意が必要だ。

　保護コンクリートと下の防水層の間には、絶縁シートを敷設する。保護コンクリート層の伸縮で下部の防水層が破断することを防ぐためだ。

防水・止水

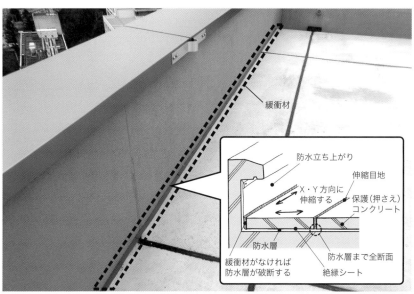
アスファルト防水層との接触部に入れた緩衝材

44 ゲリラ豪雨で飛ぶ桝のフタ

✕ トラブル　雨水排水が追いつかない！

　建物の雨水排水計画は、設計段階で過去の降雨量を参考に決められる。過去の降雨量は、気象台などで記録されている10分間や1時間あたりの降水量が参考にされる。ただし、これらの数値は、その時間あたりに降った雨量の合計であり、短い時間にはもっと多量の強い雨が降っていることも多い。

　建物の屋根に落ちて軒樋やドレンで集められた雨水は、地盤面まで降ろされて、雨水貯留槽や敷地の外まで導水される。それに要する時間内にも雨は強くなったり弱くなったりしており、排水経路には常に一定量の雨水が流れるわけではない。近年のゲリラ豪雨では、短時間の強い雨で排水経路が溢れるなどのトラブルが生じている。

桝のフタが浮き上がる

桝から先が流れないとタテ樋の中で水頭が上昇する

雨水排水は、どこからも漏水しないようにしっかりとつなぐのがよいですよね？

雨水排水は、しっかりつなぐだけでなくて、溢れてもよいところをつくるのがコツだ！

対策　雨水排水の逃げ道をつくる

　豪雨時に生じやすいトラブルの一つが、建物からタテ樋で降りてきた雨水が、地盤面から先の排水経路でうまく流れないことによるものだ。地盤面から先の排水経路は、水勾配が水平に近くて抵抗が大きいことや、いくつかの経路が合流することなどで流れにくくなりやすい。

　タテ樋の雨水が排水できないと、樋内部の雨水（水頭）が上昇することになる。水頭が上昇すると、その水圧で外構の会所桝のフタを押し上げたり、建物内部でも配管接続の甘い部分が破断して噴き出すことになる。

　雨水の排水経路はタテ樋の下端など溢れてもよい部分で絶縁して、水圧を開放するところをつくるのがゲリラ豪雨対策の一つだ。

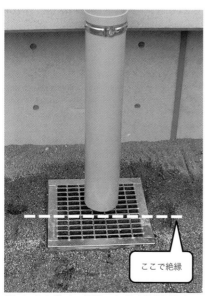
桝に突っ込まずに上で絶縁しておくと水頭が上昇しない

タテ樋を完全に絶縁した例

45 雨水排水は2系統で！

雨水排水には予期せぬ事故がつきもの

建物の屋根などの雨水が落ちる部分は、それを集めて排水するための設備がある。斜め屋根では軒樋で受けるし、陸屋根の場合はドレンで集水する。

飛んできたポリ袋がかぶさるなど、何らかの原因でこれらの排水経路が詰まって流れなくなった場合を想像してみよう。軒樋の場合は溢れるだけで済むが、陸屋根やバルコニーの場合には、防水の立ち上がりの高さまで雨が溜まって溢れるか、最も低い隙間に流れ込むことになる。マンションのバルコニーのドレンが詰まった時に、外側に流れ出るところがなければ、間違いなくサッシから室内に流れ込む。建物の中央で部屋に囲まれた中庭のようなスペースでも同様だ。

ドレンが詰まった場合には室内に雨水が流れ込むバルコニー

ドレンが一つしかない庇

バルコニーのドレンが詰まって、室内に雨水が入ってきたらしいんです…！ ちゃんと予防していれば…。

そうならないように、2系統以上の排水経路を確保しよう。

万が一のために排水はフェイルセーフで

　建物の玄関庇など、維持管理作業がしにくいところでは、必ず排水経路を2系統設ける。一方が閉塞してしまった場合にも他方から排水できるようにしておく。

　2系統の排水経路が確保できない場合には、オーバーフロー設備でもよい。ドレンの状態が容易に監視できないところでも、オーバーフローから雨水が出ていることでドレンが詰まっていることがわかり、維持管理作業につなげることができる。

　フェイルセーフの考えは難しいことではない。マンションのバルコニーでは、万が一にも室内に雨水が入ることがないように、室内側のサッシよりも手摺側の立ち上がり高さを低くしておく。

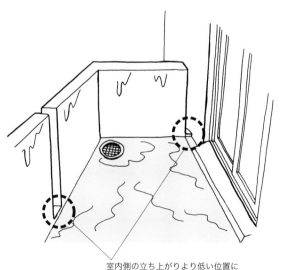

室内側の立ち上がりより低い位置に

オーバーフロー管

オーバーフロー管を設けた事例

ドレンが詰まっても、室内浸水に至る前にオーバーフロー排水の経路を確保できているバルコニー

46 単純にしたい外壁貫通部の納まり

トラブル シーリングもできない狭くて複雑な納まり

　建物の外壁は、第一に風雨を防ぐことを目的にしている。できるだけ穴を開けたり貫通させるなど、漏水の原因になりやすい弱点をつくることは避けたい。とはいっても、窓や出入口などの建具、給排気の開口、庇や外部階段の鉄骨貫通などを完全になくすことはできない。

　特に、鉄骨が壁を貫通する部分の納まりは施工難度が高い部分だ。貫通する部材の断面形状が複雑なうえに、止水シーリングをしようにも狭くて手が入らなかったり、手探りでしか施工ができないという場合がある。そんな状態で十分な止水処理ができるはずがない。

手探り施工しかできないところはシーリングの止水性能を期待できない

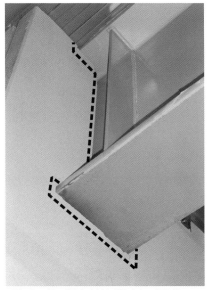
H形のシーリングをしなければならない貫通部

外壁の貫通部分の防水対策は、念入りな止水シーリングですよね！

念入りに施工するといっても、顔が入らないような隙間で手探り施工するようじゃダメだよ。

止水処理しやすい納まりに

　貫通部分の止水対策の要点は、形状を単純にすることと、施工ができる空間を確保することだ。形状を単純にすることは、止水シーリングの信頼性向上につながる。H形鋼の断面は「H」の形をしているが、ウェブ形の両側に止水板を溶接することで、「口」の形でシーリングができるようになる。そうすることで、止水シーリングの長さを短くできて、施工の信頼性も向上する。

　ついでだが、溶融亜鉛めっき鉄骨の場合には、せっかくの止水板にどぶ抜きの穴を開けてしまうことがないように注意する。

防水・止水

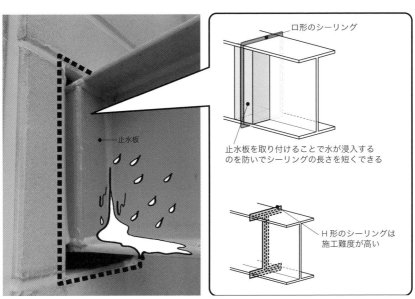
止水板を溶接して口形のシーリングができるようにした事例

47 雨が入る鋼製シャッター

トラブル　シャッター下部からの漏水

　シャッターを閉めていても、台風などの強風雨時に、床を伝って内部に雨水が入り込むことがある。一般に、シャッターの外は荷捌き場などの広いヤードやプラットホームになっている。その上に溜まった雨水は、床に多少の水勾配があったとしても強風で押されてシャッターの下から容易に内部に浸入する。内部の床には勾配がないので、入った雨水はすぐに広範囲に広がる。

　また、シャッターに直接降りかかった雨水は、スラットの形状からシャッター面を横に流れて両端のガイドレールに達し、ガイドレールの下端に落ちて床に広がる。

オーバースライダー下からの雨水の浸入

シャッター下からの雨水の浸入

シャッターを閉めていても雨水が入り込んでくるんです。どうしてですか？

そもそも、シャッターは隙間だらけで気密性や水密性は期待できないぞ。

対策 わずかな段差で水返し

　いくつかの対策方法がある。その一つは床に「段差」をつけることだ。大きな段差は必要なく、わずか10mmの段差でも水返しの役割を果たすことができる。段差部には、伏せたアングルを土間コンクリートに打ち込む。シャッター下のレベル精度が確保できるし、角部の破損防止にも役立つ。前述した理由で、段差の位置はシャッターのガイドレールよりも内側でなければならない。

　もう一つの方法は、シャッターの前に排水溝を設けることだ。排水溝は大きなものは必要ない。最近は30mm程度の厚さで設置できる薄型の製品も開発されている。フォークリフトが横断するようなところでは壊れない強度のものにする。

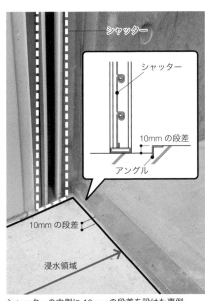

シャッターの内側に10mmの段差を設けた事例

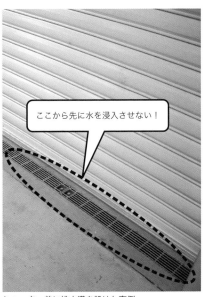

シャッター前に排水溝を設けた事例

防水・止水

48 花壇が漏水の原因？

 トラブル 晴れた日も漏水し続ける部屋…

　比較的大きなRC造の施設で、玄関横の外部に面した部屋で漏水が発生した。南向きの明るい部屋にもかかわらず漏水は床面ににじみ出ており、降雨時ばかりでなく晴れた日も含め一年中、床がジメジメとした状態に悩まされていたようだ。サッシの立て付けもしっかりしていて、どうも悪いところが見当たらない。外側には手入れのされた花壇……。どうやらこの花壇が漏水の原因のようだ。

　漏水の原因を探る時に、降雨時の状況がどうかは大きな判断材料の一つだ。雨水の漏水なら、何かしら天候と関連して漏水の量が変化する。そうでない場合は他の原因を疑ってみる必要がある。

建物に接する花壇が漏水の原因になっている事例は多い

壁際がずうっとジメジメしているんです…。結露でしょうか?

結露か漏水かは、現地調査を繰り返さなければ判断できないことが多いぞ。

水の正体を見極めよう

　部屋の内壁を剥がして調査した結果、外側にある花壇の土の中で、コンクリートの打継ぎや腰壁の構造スリットから水が浸み込んでいた。

　頻繁に花壇に散水していなくても、花壇の土には必ず水が含まれている。土に埋まった建物の部分は、水中にあるのと同じと考えておく必要がある。打継ぎ目地への止水シーリングだけでは、完全な止水は困難と思った方が良い。

　花壇の土の高さレベルは、内部の床よりも高くしないことだ。どうしてもそうなる場合は、壁に信頼性の高い防水をする、花壇の壁際に排水溝を設けるなどの対策を講じる。建物に接する花壇や緑地が漏水の原因となっている事例は意外に多い。

防水・止水

土に埋まる外壁の水平打継ぎ部分を塗膜防水した例

49 たまにしか積もらない雪でも…

❌ トラブル 積雪でたわむ屋根

　数年に一度であっても、雪が積もる可能性のある地域での施工は積雪に対する配慮を忘れてはならない。

　雪の重量でたわんだ屋根は、本来の水勾配が確保できなくなったり、積もった雪が凍結して「堰」となり雪水が溜まって漏水につながる。折板屋根から室内の天井を吊っている場合には、雪の重さで屋根とともに室内の天井が下がって損傷することもある。

　構造計算の積雪荷重など規準に定められているものは、設計の段階で当然盛り込まれているとしても、雪に対する配慮がどこまで設計図に記載されているかは設計者による。

折板屋根への積雪。屋根がたわんだり軒樋が脱落することがある

雪が積もることのない地域で、雪止め金物は必要ないですよね！

数年に一度であっても、積雪による影響が考えられるなら配慮しておくべきだぞ。

対策 積雪にも配慮した施工を

施工現場に乗り込んだら、周囲の古い建物を観察しよう。屋根に雪止めがある場合は、積雪の可能性があると考えて、対策について設計者と協議する。設計図にないから対策を講じないのでは、技術者として失格だ。

斜め屋根では、雪止め金物を設ける。陸屋根の場合は、防水の立ち上がり寸法を過去の積雪高さよりも高くしておく。軒先からの落雪に対しては、衝撃で下にある物を損傷させるだけでなく、敷地外に飛び出して第三者に障害を与えるようなことがあってはならない。

雪対策には、電気ヒーターを使う方法もあるが、維持費用や運用方法については発注者との協議が欠かせない。

積雪で埋まらないよう地盤面から上げて、落雪のガードもしている空調室外機

施工現場近くの古い家屋に雪止め対策がしてある

50 気付かぬ水の通り道…

❌ トラブル 防水だけでは止められない浴室からの漏水！

　竣工後、数年経過した温浴施設で、浴室の前にある脱衣室の床下に漏水が発生した。出入口周辺の防水層の破断が疑われたが、調査の結果、サイフォン現象による漏水であると結論づけられた。サイフォン現象というのは、隙間のない通り道に満たされた液体が、水頭圧で低いところに押し出される現象だ。溜められた液体の水位よりも高いところを越えることもある。

　押し出された水頭圧のある湯水は、水の通り道があれば同じ高さにまで昇ろうとするので、防水層の高さが最も低い出入口部分で、更衣室側に漏水することになる。

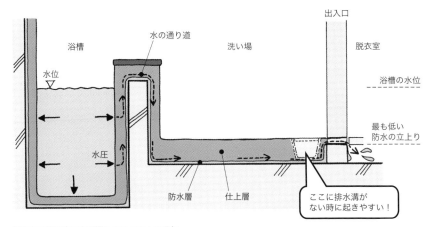

浴室から脱衣室に水が漏れるサイフォン現象

防水で水が止められないってどういうことですか？

水の通り道を押さえないと、防水だけで水を止めることができるとは限らんぞ！

サイフォン現象は水頭圧開放して防ぐ

　在来工法でつくる浴槽の場合は、水頭圧による漏水に注意しなければならない。浴槽の立ち上がりを防水しているからといって安心はできない。

　この現象を防ぐためには、溜められた浴槽内の水位を低くするか、出入口前の排水溝を利用して、水の通り道の途中で水頭圧を開放させる。

　サイフォン現象の水頭圧は、水の量には無関係なので、大きな浴槽ばかりでなく、上がり湯用など小さな槽にも注意が必要だ。なお、ポリバス（FRP浴槽）など既製品の浴槽を据え付ける場合には、水の通り道ができないのでこの現象が生じる心配はない。

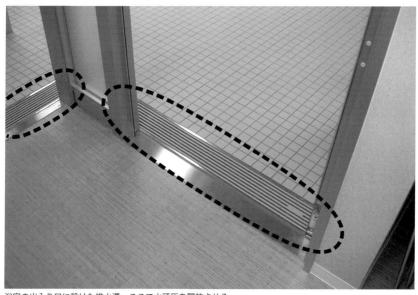

浴室の出入り口に設けた排水溝。ここで水頭圧を開放させる

51 シーリング材は適材適所で

✗ トラブル 露出させてはいけないシーリング材

　竣工後、数年でコンクリートの目地に施工してあるシーリング材がボロボロになっているのが見つかった。目地は、塗装のないコンクリートの腰壁に設けてあるひび割れ誘発目地で、ウレタン系のシーリング材を施工したものらしい。

　ウレタン系のシーリング材は、さまざまな部分に多用されるが、外部に露出されるところに使ってはならない。紫外線の影響を受けやすく耐候性が低いので、表面を塗装で被覆する必要がある。

　シーリング材には適材適所がある。適応を間違えたために短期間で劣化したり、シーリングの周辺を汚損する事例が後を絶たない。

屋外でウレタン系のシーリング材を用いた例。シーリング表面に亀裂が生じて劣化が著しい

シーリングとコーキングはどう違うんですか？

かつては、隙間の「詰め物」という意味で、コルク栓に由来して「コーキング」と言っていたが、今では「封（シール）」をするという意味で「シーリング」と言うんだ。

シーリング材の特性を知って使い分け

　シーリング材には適材適所がある。一般的なシーリング材と注意ポイントの概要をまとめる。日本シーリング材工業会「建築用シーリング材ハンドブック」が参考になるので手元に備えておきたい。

種類	記号	特性	使用場所
シリコーン系	SR	耐久性が大きい。場所によってはプライマーなしでも使用可能。外部に使用すると周辺を汚す。塗料が付着しない、他の後打ちシーリング材が接着しない。	内部の水回りガラスの取付
変成シリコーン系	MS	被覆塗装があってもなくても使用できる。	パネルの目地
ポリサルファイド系	PS	被覆塗装はしない。塗装するとブリード現象で塗装が変色する。外部の石やタイルの目地に使用する。	石・タイルの目地建具回り
ウレタン系	PU	被覆塗装しなければならない。タック（硬化後の表面のベタベタ）が強く、そのままでは表面が汚れやすい。	RC・ALCの目地

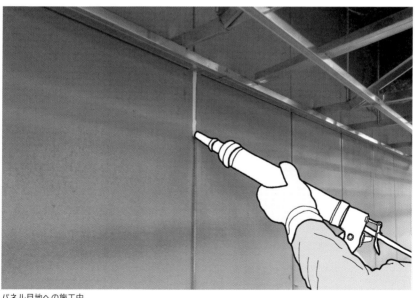
パネル目地への施工中

52 「2面」と「3面」の大きな差

❌ トラブル　ワーキングとノンワーキングの混同

　シーリングの接着面が両側だけの「2面接着」と、両側と奥の「3面接着」を正しく使い分けているだろうか。パネルなど動きの大きな目地（ワーキングジョイント）は2面接着、RC造に設けるひび割れ誘発目地や打継ぎ目地、鋼製建具枠周囲の目地など動きの小さな目地（ノンワーキングジョイント）は3面接着にする。

　ワーキングジョイントに、誤って3面接着（動く部分にまたがって接着する）してしまうと、ゼロのスパンに引張力（テンション）が働いて、容易にシーリング材が破断する。両側の2面にしっかり接着して、その間を弾性のあるシーリング材が伸縮できるようするのが基本だ。

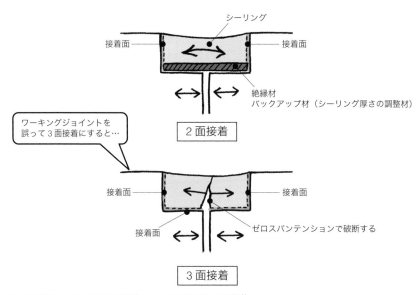

ワーキングジョイントへの2面接着と、してはならない3面接着

パネルのシーリング目地が破断してしまって…何が悪かったのでしょうか。

「ワーキングジョイント」へのシーリングは2面接着が基本だぞ！

対策　動きの小さな目地は「3面接着」に！

　シーリングは単なる隙間埋めではなく、お互いに動くものの間（ワーキングジョイント）に「封」をする材料だ。2面接着にするには、シーリングの前に目地部に絶縁材（ボンドブレーカー）やバックアップ材を入れる。シールの厚さが確保できるよう適切な厚さのものを適正な深さにセットしよう。バックアップ材はシーリングの量を節約するためのものではない。

　一方、動きの小さなノンワーキングジョイントは、シーリングが破断するほどの動きはないため3面接着とする。シーリングの基本には反するが、万が一シーリングの背面に雨水が回り込んだ場合も漏水につながりにくい。

RCのひび割れ誘発目地は3面接着にする

2面接着のためにバックアップ材を入れているところ

53 シーリングは厚さが重要!

❌ トラブル　薄いシーリングはすぐ剥離する

　シーリング材が破断する原因の一つに「厚さ不足」がある。トラブルのあったシーリングを調査していると、表面から指でつまめるほど薄いものが見つかることがある。厚みのないシーリング材は破断しやすく信頼性がない。

　シーリングは、両側を建材に接着させ、その建材間の動きを弾性シーリング材が吸収することで止水機能を果たしている。その機能を満足するためには、建材と十分な面積で接着することと、シーリング材に適切な厚さが必要だ。シーリング材は決して塗膜ではない。

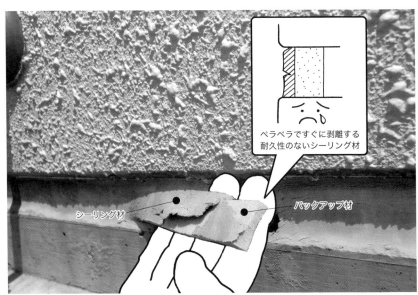

破断したシーリング材を剥がしてみると…こんなに薄い…

シーリングなんて、だれが施工しても失敗しませんよね！

シーリング工事は、作業員によって品質がバラつきやすい工種だ。厚さの確保はチェックポイントの一つだ。

施工中のバックアップ材を確認しよう

現場で施工の終わったシーリングの厚さを目視で確認することはできない。断面形状を管理するために、施工途中のバックアップ材の位置や固定を確認しよう。

シーリングの厚さはバックアップ材の大きさと位置で決まる。必要な厚さが確保できる大きさのバックアップ材を使用する。また、バックアップ材の固定が十分でないと、シーリング材を充填してヘラで押さえた時に動いてしまいシーリング材の厚さが不均一になる。

日本シーリング材工業会などでは、シーリングの幅と厚さの関係が下表の範囲になるよう規定している。

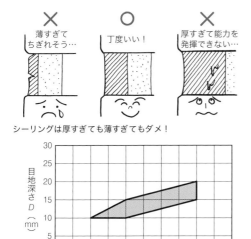

シーリングは厚すぎても薄すぎてもダメ！

ワーキングジョイント（金属パネル・ALCなど動きの大きな目地）のシーリング幅と深さの許容範囲

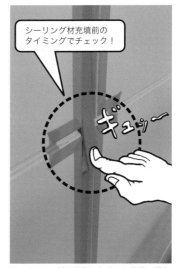

バックアップ材が跳ね上がった状態。跳ね上がったバックアップ材は是正してからシーリング材を充填する

54 シーリングが溶ける！

❌トラブル　硬化不良シーリングの膨潤

　温浴施設の浴槽内の石に施工したシーリング材が、入浴した人に付着するというトラブルがあった。シーリング工事の原則どおりに、石の目地にはポリサルファイド系シーリング材を採用していたのだが、水中に浸漬した状態で「膨潤」という現象が生じたようだ。膨潤と言うのは簡単に言うと「ふやける」こと。この現場では、工期に余裕がなく、シーリングを施工した翌日に浴槽の水張りをしたことも原因の一つと考えられる。

　営業している温泉施設の浴槽はお湯を抜く機会が少なく、その中のシーリング材は常に水中に没することになる。温度や泉質によってはシーリング材にとってさらに過酷な環境だ。

気が付くと背中にシーリングが…

施工したシーリングが溶けたんですけど…。

水中に浸漬したシーリング材は膨潤することがあるぞ。

対策　シーリングの養生期間を確保しよう

　シーリング材が硬化するメカニズムには、乾燥して硬化するもの（乾燥硬化型）、空気中の水蒸気との反応によるもの（湿気硬化型）と2液の反応によるもの（反応硬化型）があるが、いずれも大気中で硬化することを前提としている。

　材料の選択には注意が必要だ。十分に硬化する前のシーリングを、水中や水がかかる環境に長時間置くと膨潤が生じることがある。シーリング工事では、材料が硬化して性能が発揮できるまでの養生期間が必要だ。

シーリング工事は、しっかりと"養生"の期間を設けよう！

55 鳥が建物を食べる？

✗トラブル　糞害・巣づくりなどの鳥害

　止水に使われるシーリング材には、特有の弾性と質感があり、鳥（主にカラス）による食害を受けることがある。どうやらカラスは美味しくて食べるのではなくて、食感を楽しんで遊んでいるらしい。人の立ち寄らない屋根や屋上にあるトップライトなどでの被害が多いが、バルコニーに面するサッシガラスのシーリングでの被害報告もある。

　シーリング材のほかに、柔軟性のある断熱シートを敷き込んだゴムシート防水でも、表面がフワフワするためか、カラスに突かれて穴だらけにされることがある。ほかには、鉄骨の梁とスラブデッキの間にヒヨドリが巣づくりをしてロックウールを脱落させたり、ハトが倉庫などに入り込んで糞害が生じたりする。

カラスについばまれたシール

カラスがシーリングを食べるってホントですか?

鳥が興味を持ってついばみ始めると、なかなか止めてくれない。根本的な対策が必要だ。

対策　鳥害の予防は"止まらせない"こと

　カラスなどの鳥が多い地域かどうかは、事前にある程度把握できるが、鳥に狙われるか否かを正確に予見することは困難だ。

　シーリング材への食害を防ぐには、金属板などの硬い材料でカバーすることくらいしか手がない。だからといって、すべてのシーリングをカバーしてしまうのは困難だ。

　対策の原則は、鳥が止まれないようにすることだ。止まりそうな場所の角から数cmの位置にワイヤーを張る方法が、建物の美観などへの影響が比較的小さい。場所によっては、ネットで覆ってしまうという方法も採用される。その場合は、鳥がいったん入ってしまうと出られなくなってかえって厄介なことになるので、徹底して隙間を塞がなければならない。

ワイヤーによる鳥よけ

3章

設備工事

設備工事は、空調・給排水・電気に大きく分けることができます。さらにガスや通信など専門業者もそれぞれに細かく分かれていて、元請けの建築技術者がすべての工事の内容や管理ポイントを詳細まで把握することは難しいとされています。近年は、エコ・省エネなどのニーズの高まりとともにますます高度化した技術が導入されることも多く、専門の設備技術者に頼る部分が大きくなりました。
　一方で設備工事のトラブルは、建物使用者の快適性を著しく損なうばかりか、建物の機能不全に直結します。設備技術者に任せる部分は任せるとしても、ほかの工事との調整は元請け建築技術者の任務です。設備工事が別途工事であったとしても必ず取り合い部分があります。設備工事の基本的な知識を身につけ、現場全体を主導できる建築技術者でありたいものです。

56 設備排水が屋根を損傷?

❌トラブル 屋根や防水層を傷める GHP の排水

　空調の室外機を、屋上や屋根の上に設置することは多い。そのための機械基礎などが設計図に盛り込まれていても、設備機器から発生する排水の経路が考慮されていることは少ない。設備機器からの排水は、防水層や屋根材を傷めることがある。

　ガスヒートポンプ(以下、GHP)からの排水は特に注意が必要だ。GHP はガスでエンジンを動かしているので燃焼の結果、水分と排気ガスが生じる。GHP メーカーでは、機器に中和装置を組み込んでいるので問題ないとしているが、これが金属などを侵して短期間で腐食させる事例が発生している。

防水押さえコンクリートを侵してボロボロ

排水経路がなく垂れ流しにされている

設備排水によって金属屋根が変色

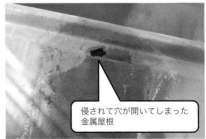

侵されて穴が開いてしまった金属屋根

ガスヒートポンプの排水による影響の例

屋上や屋根に設備機器の排水を流してはダメなんですか？

設備機器から何が排水されるのか確認して、排水経路を確保しよう。

対策　GHPからの排水は経路を確保！

　空調室外機からは排水が発生するので、その排水経路を確保する。GHPなどエンジン燃焼機関からの排水は、金属だけでなく防水押さえのコンクリートさえ侵すことがある。少なくとも金属屋根や露出した防水層の上に垂れ流しにすることは避けよう。

　設計図にないからと言って、排水経路を確保しないと、早期に防水層が傷んで大掛かりな補修工事が必要になってしまうことがある。施工者としても放置しておくわけにいかない。

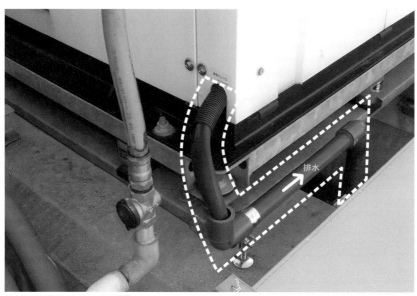
排水経路を確保したGHPの室外機

57 空調が原因でスリップ事故？

❌ トラブル 夏の「ドレン水」と冬の「霜」

夏の冷房時には、部屋にある空調室内機の中で、空気中の水蒸気が結露してドレン水として排出される。逆に冬の暖房時には、外部にある空調室外機で「霜」が発生する。

空調室外機に「霜」が発生することは、一般にはなじみがなく認識されていないことが多い。霜が付いたままだと熱交換の効率が悪くなるので、機器は自動的に運転を止めて除霜（デフロスト）をするようになっているが、それによって溶けた霜は水となって室外機から流れ落ちる。

空調室外機が置かれる場所によっては、除霜で溶けた水が広がる。この現象が起こるのは暖房を使う冬期なので、外構の舗装面に広がった水が凍ってスリップ事故になることがある。

空調室外機の徐霜で解けた水が流れ出た状態。この水が凍るとスリップ事故につながる

冬に空調室外機から水が流れ出るのはどうしてでしょう？

暖房運転している時には、空調室外機に「霜」が付くんだ。

対策 溶けた霜の行き先を確認しよう

　暖房使用時に、空調室外機に霜が発生するのは避けられないので、除霜で溶けた時の水の処理方法を忘れてはならない。上階の跳ね出しステージに室外機を設置する場合に、下部への滴下が許されないところでは、空調機器の下に集水パンを設けて排水ルートを確保しよう。問題が起きてから慌てることのないよう、設計者と協議して室外機の設置と同時に施工したい。

　建物周辺の地盤面に設置する室外機であっても、除霜された水は垂れ流しにせずに、排水ルートを確保するべきだ。量は少ないので、砕石敷きなどで地盤浸透させる方法も考えられる。

跳ね出しステージから溶けた霜が落ちるので集水パンを後から設けた事例

砕石敷きに浸透させている

58 雨漏りでなかった天井のシミ

✗ トラブル つぶれた断熱材は性能が落ちる

　室内の天井にできたシミを見つけると、たいていは雨漏りを疑う。天井をめくって上部を調べるが、どう考えても雨が漏るような場所でないことがある。そのような場合は、空調の冷媒管を確認してほしい。天井フトコロ部分を通っている空調の冷媒配管に結露が生じていないだろうか。その結露水が天井に滴下してシミをつくる。

　冷媒管は結露しないように断熱材で被覆されているが、施工時の配慮不足で性能が発揮できていないことがある。この現象が生じるのは夏期の冷房運転の時期だが、天井材が一度濡れただけではすぐにシミにはならず、季節を繰り返し気づくことも多い。冬期に調査をしたのでは結露が観察できないので、原因が掴めない。

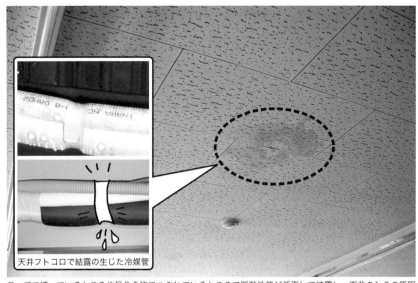

天井フトコロで結露の生じた冷媒管

テープで縛っているところや吊り金物でつぶれているところで断熱性能が低下して結露し、天井のシミの原因になっていた

天井にシミがあるので調査したのですが雨漏りするような場所ではないんです…。

天井のシミは、雨漏りが原因とは限らないぞ！

対策 断熱性能を損なわないよう冷媒管を支持しよう

　ヒートポンプ式の空調は、冷媒管に封入されている冷媒ガスが昇圧・減圧されることで「熱」を伝えるメカニズムだ。夏期の冷房運転時には、冷媒が減圧されて冷たくなっているので、天井フトコロ部分の湿った暖かい空気が冷媒管に触れると結露が発生する。

　冷媒管を覆っている小さな空気を閉じ込めた柔らかいスポンジ状の断熱材は、固定したり縛ったりする場合に締付けすぎるとその部分がつぶれて断熱性能が低下する。結露はその部分から発生する。断熱材の種類や厚さは、冷媒の種類などによって設計図で指示されており、空調システムの能力に見合ったものでなければならない。断熱材の性能を低下させずに固定する器具もあるので、適切な施工を心がけたい。

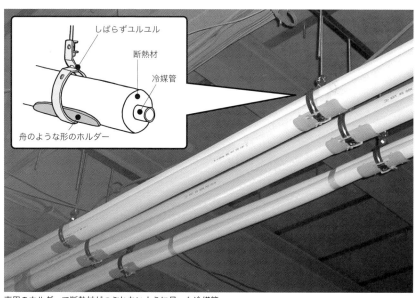

専用のホルダーで断熱材がつぶれないように吊った冷媒管

59 「吐く量」と「吸う量」

❌トラブル 排気と給気のバランス

換気扇を動かすと部屋の空気が外に排出される。その分だけ部屋の気圧が下がりどこからか空気が入ってくる。設備的な給気ルートがなければ、どこかの"隙間"から入ってくることになる。排気量に見合った新鮮な空気の給気量が確保できなければ、換気扇の能力が活かせない。

それだけでなく、気密性の高い部屋であれば、気圧が下っている分だけ、出入口の外開きの扉が開けにくくなる。逆に内開きの扉の場合、ドアクローザーの力だけでは、扉が閉まり切らなくなることもある。自動閉鎖で施錠する部屋の場合などでは、閉まったつもりの扉が閉まっていないことがあるので管理上の問題が生じる。給排気のバランスはセキュリティに影響することがある。

室内の気圧が下がり、ドアが開かない！

部屋の換気扇を動かすたびに、ヒューヒューと音がするんです…。

排気をする時には、必ず給気ルートが必要だ！ なければ、隙間で風切り音がすることがあるぞ。

排気と給気はセットで考える！

　排気と給気は必ずセットで考えなければならない。換気のシステムには3種類ある。それぞれ特徴があり目的によって使い分けられる。

　第3種換気の場合には、換気扇を取り付けるだけではなくて、空気を取り入れる給気口が必要だ。トイレなどでは扉にガラリを設けたり、下部を開けて（アンダーカット）給気口とする事例が多い。ただし、その大きさが小さいと換気量が不足したり、給気口付近でドラフト（不快な気流）を感じるので、換気量に見合った給気口の大きさが確保されていることを確認しよう。建物の引き渡し前検査では、空調の排気・給気システムを稼働させながら扉の開閉をチェックする必要がある。

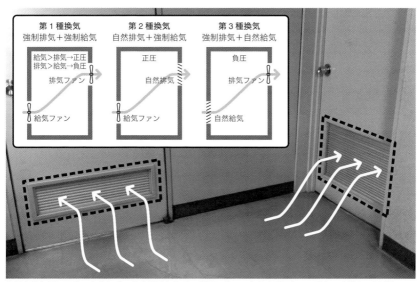

必要な給気量に見合った給気ガラリを設けたため、部屋によって大きさが異なる。給気口と排気口は離れている方が換気の効率が良い

60 床下で溢れた消火水槽

給水弁故障のリスク

建物の地中梁の間を利用して消火用などの水槽を設置することがある。水槽なので水量が減った場合には給水管から補給される仕組みになっている。この給水弁が故障して止まらなくなった場合には、水槽から水が溢れる。

最近の事務所建物では、床が OA フロアになっていることも多い。水槽の人孔(マンホール)が床下の見えない部分にある場合には、人孔から溢れた水が OA フロアの中に広がり、気が付かないままに被害が拡大することがある。水槽が、溢れてもかまわない場所にあったとしても安心してはいけない。給水弁の故障に長期間気が付かず、延々と給水し続けることになる。施工業者が責任を問われて莫大な水道料金を請求される事例も少なくない。

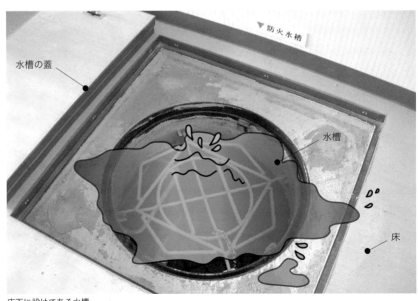

床下に設けてある水槽

床下の水槽で水が溢れて大変なことになったんです…。

水槽には満減水警報が不可欠だぞ。

対策　警報装置とオーバーフロー管

　水槽には、必ず警報装置を取り付けておきたい。水槽への給水の方式はさまざまだが、単純な仕組みのフロート弁でもゴミが咬んで給水が止まらなくなることがある。満水警報が設けてあれば、給水弁の故障を知って初期対応ができる。

　オーバーフローした時の排水ルート確保も重要だ。オーバーフロー管を外部の雨水排水系に接続するなら、豪雨時に水槽内に雨水が入り込まないよう逆流防止弁を付けておく。建物の内部にある水槽は、溢れた時のリスクが大きいので、十分な対策が必要だ。

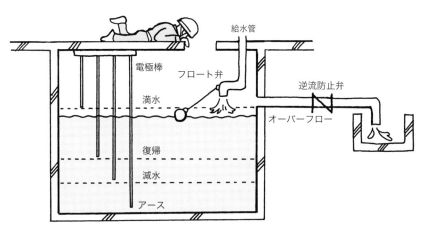

電極棒による警報装置を設置した水槽

61 ポンプはあっても釜場がない…？

✗ トラブル　排水ポンプと釜場（吸い込みピット）はセット

　1階床下の配管用ピットなどに、床に溜まった水を排水するためのポンプを設置することがある。万が一、配管が壊れて水が床に溢れた時や地下からの湧水を処理する時のためだ。

　しかし、設備図に床排水のための排水ポンプが示されているにもかかわらず、建築図に釜場の記載がないことがある。平らな床面にポンプを置いたのでは、床の水を完全に吸い上げることはできない。

　床に溜まった水を排水するためには、水を集める釜場を設けて、ポンプはその中に据える。「排水ポンプ」と水を集める「釜場」はセットで考えておいた方がよい。

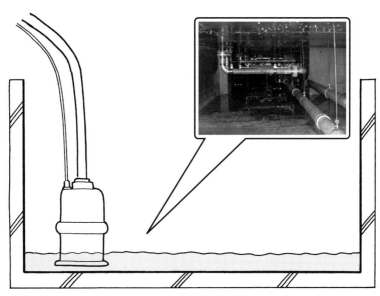

釜場のない配管用ピット

排水のポンプを設置するのですが、床面の水を残さず吸い込んでくれるポンプはないですかね？

ポンプにはいろんな種類があるが、釜場をつくることで解決しないか？

対策　効率的な排水作業は釜場から…

　ピットと言われる空間の床には、排水のための「釜場」（吸い込みピット）を設ける。必要な場合には、釜場に向かって床に勾配をつける。汚水用のピットの場合は床の勾配を15分の1〜10分の1とするよう決められている。

　1階の床下に設ける配管用のピットには、竣工した後に水の流入がない場所であっても釜場を設けておく。建物の施工中に雨水が流れ込んで溜まる場所なので、釜場があると排水作業が容易になる。

　工事の初期段階（掘削→捨てコン打設→基礎地中梁）には、雨が降るたびに水中ポンプによる排水（水替え）作業が必要になることが多いが、要所に仮設の釜場を設けておけば、水を集めて効率よく排水作業をすることができる。

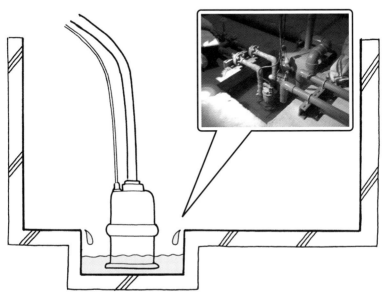
釜場のある配管用ピット

62 ジャバラ管排水の問題点

トラブル　排水管から漏れる臭い

　戸建て住宅の家庭用のキッチンや洗面台などのシンクからの排水は、付属しているフレキシブルなジャバラ管を床の排水管に突っ込むだけの納まりにしていることが多い。

　この部分が収納スペースになっている場合には、ものの出し入れ時に触れて管が外れたり、高温のお湯を流した時にジャバラ管が軟化してしまうことがある。また、突っ込んだ配管の隙間から臭いや虫が上がってくることもある。

　住宅以外の施設でも同様の納まりは多いが、トラブルが発生した時の責任を建物の施工者が問われる場合もある。

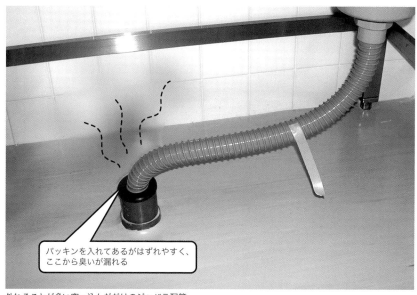

パッキンを入れてあるがはずれやすく、ここから臭いが漏れる

外れることが多い突っ込んだだけのジャバラ配管

排水のジャバラ管は避けたほうがよいのですか？

ジャバラ管は漏水事故を起こしやすいんだ。

対策 排水管は直結するのが原則

　シンクの排水は、ジャバラ管を突っ込むだけでなく、塩ビ製配管を直結する。この部分の工事は、上部の家具やシンクが建築工事で、排水管は給排水設備工事の範囲としていることが多い。建築工事と設備工事の分界点なので、接続部分をどうするかを事前に決めておき、建築工事でシンク業者に接続口の仕様を発注する。

　ただし、食品製造施設や厨房などでは、食品衛生上の観点から、排水が逆流した時に上部のシンクまで到達しないように、下部で排水管を絶縁しておくことがある。その場合には、排水管を直結せずにあえて差し込むだけの納まりにする。ただし、その部分が常に観察できることや、そこから排水が溢れても問題がないことが前提になる。

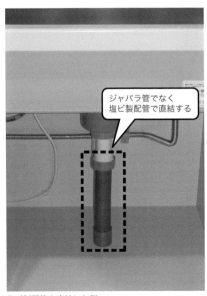
塩ビ製配管を直結した例

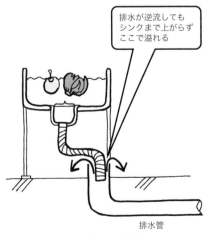
逆流してもシンクに到達しない納まり

63 臭いはどこから？

✕ トラブル 排水口からの臭い

室内でくさい臭いがするという場合は、まず排水口を疑ってみる。だいたいのケースは、排水管から臭いが上がるのを防ぐためのトラップの「封水」が切れている場合が多い。つまり、長期間使われていない排水口が臭いの原因になっているのだ。

床を水洗いするトイレで、床に清掃用の排水口が設けてあるにもかかわらず使用されていない場合は、封水が蒸発して切れていることが多い。洗濯機を長期間使用しない住宅では、排水ホースをつなぐ洗濯パンの排水口で起こりやすい。

トラップは完全に乾ききらなくても、封水の水位が下がり空気が通る隙間ができると排水先からの空気（臭い）か上がる。

臭いの原因になった洗濯パンの排水トラップ

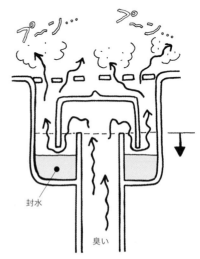

封水が減って空気の通り道ができると臭いが上がる

室内で、下水の臭いがするって苦情があったんです…。

まず、排水トラップの封水を確認するんだ。

対策　トラップの仕組みと封水切れ

　臭いの原因が、蒸発によるトラップの封水切れによるものであれば、排水口に水を流せば解決する。継続して水を流すことができない場合には、食品用のラップなどを利用して排水口を塞ぐと臭いを防ぐことができる。

　排水口の封水が切れる原因は、長期間使わないための蒸発だけでなく、排水管が"負圧"になることで封水が流れてしまう場合もある。排水管系統の通気が十分でない場合や、二重のトラップになっている場合に起こりやすい。

　臭いの問題では、食品施設の排水ピットから、躯体に打ち込んである電気配線用の「配管」を通って臭気が漏れたこともある。臭いはごくわずかな隙間を通って問題を起こすので、注意が必要だ。

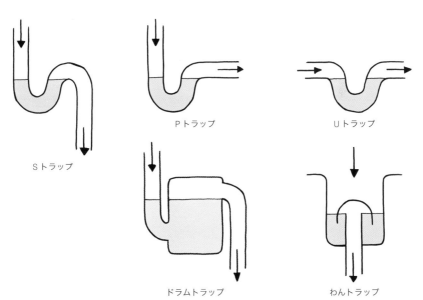

さまざまな型式があるトラップと封水

64 触れあって穴が開く！

✗ トラブル　摩擦による損傷

　共同住宅のキッチン流し台の下が水浸しになった。詳細な調査の結果、床のコンクリートスラブ段差の角に塩ビ製の給水配管が接触していて、長期にわたる管のわずかな動きによって接触部の傷が深くなり穴が開いたことがわかった。

　同じような原因による配管・配線の損傷はしばしば報告される。塩ビ製の給水管や排水管だけでなく、空調の冷媒管やダクト、電気配線でも生じる。振動や脈動がある配管が動くことや、ギザギザの吊りボルトに接触することでの事故が多い。

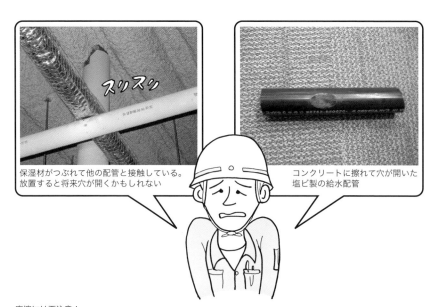

保湿材がつぶれて他の配管と接触している。放置すると将来穴が開くかもしれない

コンクリートに擦れて穴が開いた塩ビ製の給水配管

摩擦には要注意！

給水管からの漏水は、継手部分からのことが多いですよね？

継手で漏水していないからといって、安心してはいかんぞ。

対策　絶縁と緩衝材の挟み込み

　給水管は、十分に固定していないと管内の圧力変化で動く。壁の中の給水管が、水栓の開閉による圧力変化（ウォーターハンマー）で動いて壁にぶつかり大きな音を出すこともある。特にシングルハンドレバーのカランは、出水時や止水時の圧力変化が大きく配管が動きやすい。ウォーターハンマー低減部材もあるが、動かないよう固定し、ほかとの接触を防ぐのが重要だ。

　給水管に限らず、天井フトコロでは空調ダクト、空調冷媒管、電気配線など多くの部材が交錯する。天井ボードを張る前に接触がないことをチェックする。どうしても接触が避けられない場合は、緩衝材を挟み込む。

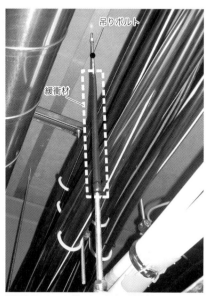

配置上どうしても離せない場合は緩衝材を入れる

保護用のCD管で隅部との接触を避ける

65 電気配線が先? 断熱施工が先?

トラブル 電気配線を損傷させるウレタンの吹付け

マンション工事では、外壁の内側に断熱のためにウレタンを吹付けることが多い。内側に仕上げの壁をつくり、その隙間を利用してコンセントや照明の電気配線を行う。これらの工事では、電気配線に断熱ウレタン吹付材が付着しないよう注意しなければならない。

理由の一つは、断熱材が電気配線を覆うことで通電時に生じるジュール熱の放散が妨げられ、電気が流れにくくなること。もう一つの理由は、配線の塩ビ製の被覆材にウレタンが付着して、被覆材の劣化が促進されることだ。特にジュール熱で高温になった状態では劣化が進行しやすい。

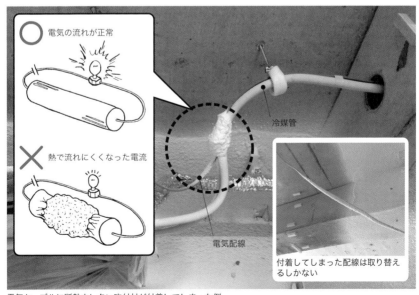

電気ケーブルに断熱ウレタン吹付材が付着してしまった例

「電気工事」と「断熱工事」の間で注意することがあるんですか？

電気配線は断熱材で覆っても付着させてもいけないぞ！

対策　柔軟な工程管理で品質確保

　電気配線に、断熱ウレタン吹付材が付着しないようにするためには、電気配線工事をウレタン吹付け工事の後にするか、または電気配線を事前に養生をしておくかだ。

　マンション現場での工程管理は、電気配線の作業は一部屋ずつ進めていくのに対して、断熱ウレタンの吹付け作業は数部屋分をまとめて施工することが多い。電気配線にウレタン吹付材が付着しないよう、双方の業者に徹底させて、問題がないよう工程管理をしよう。配線に付いてしまうと完全には除去できないので、万が一付着させてしまったら配線を取り替えるしかなくなる。

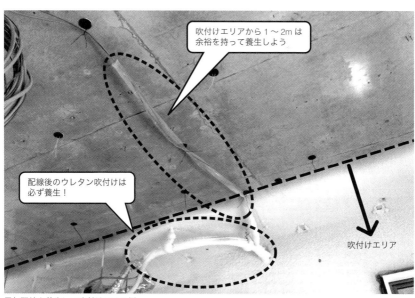

電気配線を養生して吹付けている例

66 雷の被害を防げ！

落雷とサージ電流

　一定規模以上の建物には、法規の定めだけでなく施設の用途に応じて避雷設備を設ける。一般には屋上にポール型の避雷針を建てたり、屋根やパラペットに避雷導体を這わせることが多い。いずれも雷の猛烈な電気を導体で受けて地盤に導いて逃がす仕組みだ。

　こうした避雷針は、建物への直撃雷を防ぐためには有効な設備だが、落雷による被害は直撃雷によるものだけでない。落雷は、帯電した雲が地上に放電する現象なので、それに伴って周辺に高い電圧のサージ（迷走）電流が流れる。これが電気や通信の配線を通じて建物内に流れ込むと、インターホンや給水ポンプの電子基盤などを破壊してしまうのだ。

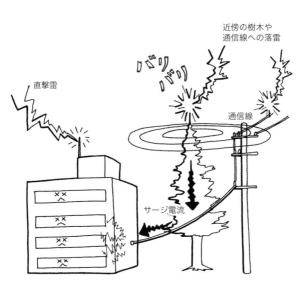

避雷針で直撃雷は防げても、サージ電流は防げない

避雷針

避雷導体

落雷でマンションのインターホンが全滅したみたいなんです！ 避雷針があるのになぜ…？

いいかい、屋根の避雷針では、周辺に落ちた雷のサージ電流までは防げないんだ。

対策　サージ電流対策には避雷器

　サージ電流による被害は、屋上の避雷針だけで回避できるものではない。建物周囲の樹木や街路の電線に落ちた雷は、地盤に流れるだけでなく、電線などを伝って「流れやすいところ」へ不規則に流れて建物に入り電子機器を損傷させる。

　これを防ぐには、必要な回路に「避雷器（サージプロテクター）」を設ける方法がある。設計に避雷器が盛り込まれていない場合は、建物の用途によっては専門業者を交えて設計者と協議したい。

　最近は雷雲の動きから雷の発生を予測できるようになっており、各地域の電力会社が「落雷予報」をネットで公開している。建物は雷から逃げることはできないが、施工現場の安全管理には役に立つかもしれない。

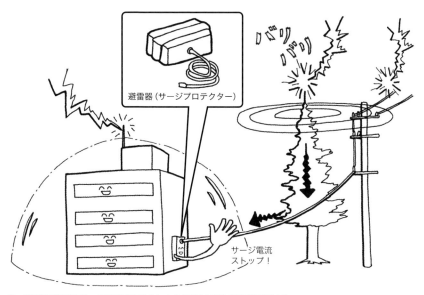
サージ電流が建物に入って被害が生じないよう必要な回路に避雷器を設ける

第4章

環境

建物の竣工後に生じるトラブルのなかには、気候や気象など建物周辺の環境に関わる問題が少なくありません。この章は、「音・振動」「熱・結露」という分類にしました。
　温度変化によって建材が伸び縮みするということはだれでも知っています。施工の時期によっても暑い夏と寒い冬で対応を変えなければならないものもあります。そうした知識があるにもかかわらず、施工現場のちょっとした配慮不足でトラブルを発生させているのは残念なことです。
　また結露に関するトラブルは、どこででも発生している問題です。日本には四季があるため、冬に切実な結露の問題も、夏には忘れ去られていることがあります。しかし何もしなければ次の冬にまた結露が再発します。建物は竣工後に何度も季節の変化を経験することを忘れてはいけません。建築技術者は、環境に関わる基本的な知識をもち、施工に臨みしましょう。

67 「遮音」と「吸音」は全く別モノ！

トラブル　吸音材料に遮音効果は期待できない

　遮音材料と吸音材料は、その働きが全く異なる。遮音材料は、それ自体が音（空気伝搬音）を透過させずに遮断する材料だ。重くて厚い壁ほど遮音性能が高いという「質量則」に従う。

　グラスウールやロックウールなどの吸音材料は、音エネルギーを運動エネルギーや熱エネルギーに変換することで音を吸収する材料だ。多くの空気を含んだ軽い材料なので、遮音性能を期待することはできない。

　この二つを混同すると、音のコントロールはできない。まず、それぞれの機能を理解しよう。

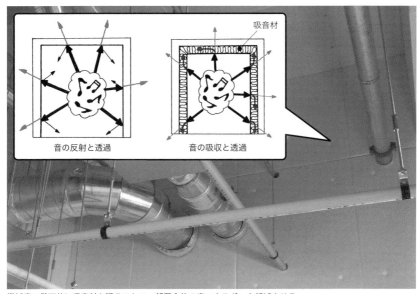

機械室の壁天井に吸音材を張ることで、部屋全体の音エネルギーを低減させる

遮音性能を上げるために、壁の表面にグラスウールを張ろうと思うのですが…。

グラスウールは、遮音材料ではなくて吸音材料だ。それぞれの特性を理解しよう。

 遮音材料と吸音材料を巧みに組み合わせよう

　大きな音の発生する機械室などでは、室内側に吸音材料を張り付けることで、その部屋全体の音エネルギーを低減させることができる。その結果、壁そのものの遮音性能に関わらず、外に透過する音は低減される。

　また、LGS（軽量鉄骨下地）の両面にPBを張った壁など二重に構成された壁の中空層に吸音材のグラスウールを入れると、グラスウールが壁内空間の音エネルギーを吸収するので、壁全体としての遮音性能を向上させることができる。

　このように遮音材料と吸音材料を効果的に組み合わせることで、全体の遮音性能を高めることができる。一つの材料の性能にとらわれないで、機能の組み合わせを考えるのが建築技術者の役割だ。

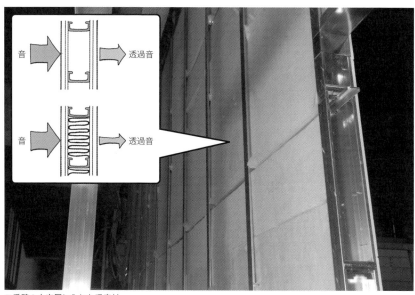
二重壁の中空層に入れた吸音材

68 「質量則」で決まる遮音性能

トラブル 遮音シートは万能ではない

　隙間のない均質な一重壁の遮音性能は、「質量則」で決まる。
　「質量則」というのは、材料の面密度（単位面積あたりの質量）が大きいほど遮音性能（透過損失）が大きいという法則だ。簡単に言えば重くて厚いほど遮音性能が高い。
　今ある壁の表面に増し張りをして遮音性能を向上させるには、その壁の面密度が十分大きくなるような質量と厚さのあるものでなければ効果は期待できない。コンクリートなど密度の大きな壁に、遮音シートを密着させて張っても、全体の面密度はわずかしか大きくならないので、遮音性能は向上しない。

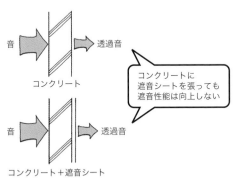

コンクリート壁を透過する音

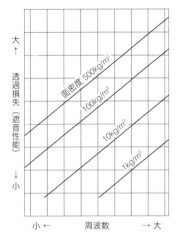

質量則（同じ周波数の音なら面密度が大きいほど透過損失が大きい）

面密度の比較

材料	密度 [kg/m³]	×	厚さ [mm]	=	面密度 [kg/m²]
コンクリート	2,300		150		345.0
合板	580		15		8.7
プラスターボード（PB）	640		12.5		8.0
遮音シート	2,070		2.8		5.8

壁の表面に遮音シートを張ったんですが、遮音性能が良くならないんです…。

遮音シートは、効果的な使い方をしないと意味がないぞ！

対策　重くて厚いほど遮音性能が高い

　PB（プラスターボード）を使った乾式間仕切壁の場合は、表面に遮音シートを張るよりも、PBをもう1枚増し張りする方が、施工性が良くて遮音性能の向上も期待できる。周波数が大きい音（高音）は、わずかな隙間から漏れやすいので、目地をずらすなどして隙間のない施工をする。コンクリート壁の場合は遮音シートを張るよりコンクリートの厚さを大きくする方が合理的だ。

　面密度が比較的大きく、薄くて軟らかい遮音シートは、音の出るタテ樋や設備配管に巻くなど、特定の場所で効果が発揮できる建材だ。遮音という名前が付いているからと言って、どんなところにでも使いさえすれば遮音効果がある訳ではない。

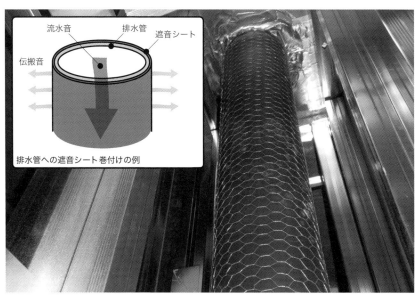

遮音シートは効果を発揮できるところで使おう

69 「重たい音」と「軽い音」

トラブル 「重量床衝撃音」と「軽量床衝撃音」

マンションやホテルなどで、上階の床で生じた音が下階へ伝わってクレームになることがある。床には、壁のように空気伝搬音を遮断する性能だけでなくて、上階の「床面で生じる音」が下階に伝わらないよう遮断することが求められる。床面で生じる音には「重量床衝撃音」と「軽量床衝撃音」の2種類がある。重量床衝撃音は、子どもが椅子から飛び降りた時の音、軽量床衝撃音は、スプーンを落とした音を思えばよい。

それぞれ下階への音の伝達メカニズムは異なる。「重量床衝撃音」は、床スラブ（床版）そのものが太鼓の皮のように振動して生じる音で、スラブの構造や厚さ、大きさ（梁の位置）で決定される。軽量床衝撃音は、床の表面の仕様に左右され、柔らかいカーペットで生じる音は小さい。

重量床衝撃音と軽量床衝撃音

床に求められる遮音性能は、壁とは異なるってホントですか？

床を伝わる音は、空気伝搬音だけではないんだぞ！

対策 床衝撃音を意識して建材を選ぼう

　床の遮音性能は「L値」で示され、重量床衝撃音と軽量床衝撃音に対して衝撃音を低減する性能はLH（⊿LH）とLL（⊿LL）で表される。

　重量床衝撃音に対しては、床表面の仕上材に関わらず、建物の構造設計で性能が決まるために、施工者としてできる対策は少ない。下階の天井がスラブと一緒に振動してさらに騒音源となることを避けるために、天井に防振吊り具を使うなどの方法を協議する。

　コンクリート素地やビニルタイルのような床の硬い仕上材は、軽量床衝撃音の遮断には不利だ。マンション用のフローリング材などには低減性能が表示されているものがある。改修工事で床の仕上材を変更すると、下階への遮音性能も変わるので注意が必要だ。

床の構造と仕上げの仕様で決まるL値

70 可動間仕切壁の遮音性能は？

騒音が筒抜けの可動間仕切壁

　大きな部屋を、使用勝手に応じて小部屋とするために可動間仕切壁（スライディングウォール）を設けることがある。可動間仕切壁は、メーカーがさまざまな仕様のものを商品化しているので、遮音などの要求性能に合ったものを選択する。ただし、それだけで可動間仕切壁の遮音性能が確保できるわけではない。一般の可動間仕切壁は、天井面に取り付けられるレールからパネルを吊り下げるように設置される。可動間仕切壁のパネルそのものの遮音性能が十分だとしても、部屋の天井を透過して天井フトコロに入った音は、間仕切壁の上部を塞がない限り容易に隣室に到達する。天井フトコロだけでなく、可動間仕切壁のパネルと床や壁の間に隙間があれば当然そこからも音が漏れる。

音が漏れて会議に集中できない！

可動間仕切壁で仕切った隣室から笑い声が聞こえて、会議に集中できないんです！

遮音性能を満足させるには、音の伝搬ルートをバランスよく塞ぐ必要があるんだ。

 バランスよく音の伝搬ルートを塞げ！

　可動間仕切壁に高い遮音性能が要求されている場合は、天井フトコロの空間を伝搬する音を遮断するための壁を設けなければならない。通常、この工事は可動間仕切壁の工事範囲に含まれていないので、内装工事として手配する。仕上げは必要なく、遮音性能のある下がり壁をつくればよい。可動間仕切壁の遮音仕様に見合った遮音性能が確保できるように、下がり壁の下地をつくりPBを隙間なく張る。

　また、パネル下の隙間対策として床の精度は重要だ。下部から遮蔽板を突出させて隙間を塞ぐボトムタイトタイプのパネルでも、床の不陸が大きいと塞ぎきれない。OAフロアなどで床下に空間がある場合はその部分の遮音対策も忘れてはならない。

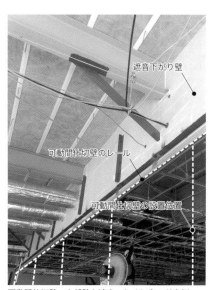

可動間仕切壁の上部壁を遮音のために塞いだ事例

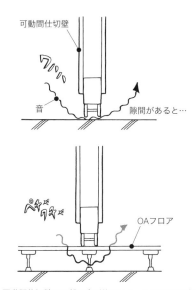

可動間仕切壁の下部に音が抜けるルートがないか確認しよう

71 自動ドアの音で眠れない！

トラブル　静かなところほど気になる自動ドアの音

　マンションの騒音問題の一つに「自動ドアの音」がある。エントランスの自動ドアが開閉する時の駆動音が、直上の住宅に躯体の振動として伝わり、居住者から眠れないという苦情になることがある。自動ドアは、駆動装置を上部の躯体に取り付ける構成になっているので、直上階に音や振動が伝わりやすい。

　最近のマンションは、サッシの遮音性能が高くて外部からの騒音が遮断されている。そのため室内の騒音レベルが小さく、わずかな躯体伝搬音でも苦情になりやすい。マンションのエントランスドアは、深夜でも人が出入りするので深刻な問題であり、いったん発生してしまうと騒音源を多少改善できても解決しないことが多い。

2階からの苦情が出やすいマンションのエントランス自動ドア

自動ドアからの開閉音で眠れないと 2 階の方から苦情があったんです。

自動ドアの音は、マンションで発生しやすい問題の一つだ。

対策　騒音・振動源は、躯体と絶縁する

　自動ドアは、上部の梁や下がり壁に取り付ける場合が多いが、必ず躯体から絶縁させる。直接取り付けるのではなく、絶縁した取り付け用の鋼製梁を設けて、それに取り付けるなどの方法もある。振動を躯体に伝えない取り付け方法をメーカーと協議する。発生する音や振動は、ドアの開閉速度に比例するので、可能な範囲でできるだけ遅い速度に設定する。

　施工者としてはできるだけ振動が伝わらない方法で自動ドアを取り付けるが、設計者には、自動ドアの直上が寝室にならない平面計画としてもらいたい。エレベーター（EV）の稼働による騒音も同様で、EV シャフトに隣接した部屋が寝室だとクレームになることがあるので要注意だ。

音・振動

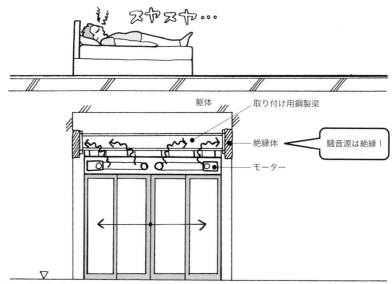

自動ドアは躯体と絶縁して取り付ける

72 空調室外機がヤカマシイ！

騒音源になる空調室外機

　建物の空調室外機が、近隣住民からの騒音苦情の原因になることがある。建物には何らかの空調設備が組み込まれているので、それに伴う機器からは必ず音が発生する。

　空調室外機などの機器は、建物の裏側の狭いところに設置されることが多い。こうした場所は敷地境界に近く、音源の大きさによっては境界線で地域の環境基準を満足できていないこともある。

　近接した住宅がないからと安心していても、後から周囲に住宅が立ち並んで苦情の原因になっている事例も多い。事務所建物の空調なら執務時間外では室外機も停止するが、食品販売施設の冷蔵庫や冷凍庫の機器は止まることなく24時間365日稼働する。

施設裏の敷地境界直近に置かれた機器

周辺に住宅がないので、騒音問題は起こらないかな…。

住宅があってもなくても、空調室外機は立派な騒音源なんだぞ。

対策　室外機の騒音対策を忘れるな

　音が発生する設備機器類は、敷地境界から離れた位置に設置するのが対策の基本だ。設計者は、目立たないよう施設の裏側や、施設の使用者にとって支障のない位置に配置する傾向があるが、近隣への配慮も忘れてはならない。

　施工者としては、後から問題にならないよう事前に機器メーカーのデータを取り寄せて、敷地境界での騒音レベルの大きさを確認しておきたい。必要なら機器の設置位置を変えることや遮音壁を設けることを設計者と協議する。苦情が発生してからの騒音対策は簡単ではない。都心の24時間営業の商業施設では、近接する高層マンションの上部階から苦情を申し立てられた事例もある。

防音壁を設置した事例

73 伸びたり縮んだり

長いものほど伸縮量が大きい

　物体は、温かいと伸びて、冷たいと縮む。建材も同じだ。そのことを忘れるとトラブルの原因になる。長いまっすぐな手摺を伸縮目地なしで繋いでしまうと、伸び縮みが吸収できなくてどこかに歪が生じる。端部を壁に埋め込んでいると、その部分が壊れてしまうことがある。建材の温度伸縮に対しては、押さえ込むのではなくて、伸縮による不具合が生じないように「逃げ」を考えた納まりにする。

　建材が温度変化でどのくらい伸縮するのかを算定する式は難しくない。「熱膨張率（線膨張率）」に、「長さ」と「温度差」を掛ければ伸縮量（△L）が算出できる。

　　△L ＝（熱膨張率）×（長さ）×（温度差）

主な建材の熱膨張率の目安

建築材料	熱膨張率
コンクリート	10×10^{-6}
鉄筋（鉄）	10×10^{-6}
ガラス	9×10^{-6}
アルミニウム	23×10^{-6}
ステンレス	17×10^{-6}
塩ビ・アクリルなど	70×10^{-6}

○RC造（S造も同じ）200mの建物の伸縮
　$(10 \times 10^{-6}) \times (200,000) \times (30) = 60mm$

○日射で温度差が激しい部分の建材は温度差80℃で計算する
　・10mの「鉄製手摺」
　　$(10 \times 10^{-6}) \times (10,000) \times (80) = 8mm$
　・10mの「ステンレス製手摺」
　　$(17 \times 10^{-6}) \times (10,000) \times (80) = 14mm$
　・10mの「アルミニウム製手摺」
　　$(23 \times 10^{-6}) \times (10,000) \times (80) = 18mm$
　・10mの「塩ビ製配管」
　　$(70 \times 10^{-6}) \times (10,000) \times (80) = 56mm$

伸縮で変形している手摺　　　建材の熱伸縮量の目安

> 金属製の手摺は、適当な間隔で伸縮継手を設けるんですよね。

> そのとおり。伸縮が大きい建材は、いかに動きを逃がすかを考えよう。

対策　素材の動きに備えた"逃げ"を！

　主な建材の熱膨張率は、だいたいの数字を覚えておくとよい。同じ金属でもアルミニウムやステンレスは鉄よりも大きい。雨樋や配管などに使われる樹脂製建材はさらに桁違いに大きい。伸縮量は、気温でなく建材の温度で算出する。日射を受ける場所にある建材は、「夏と冬」「昼と夜」の温度差が大きく、80℃くらいになる。建材だけでなく建物全体にも温度伸縮の動きがあることを忘れてはならない。建物に設けられるエキスパンションジョイントには、地震時の建物の動きに備えているだけでなく、建物の温度変化による動きを吸収する。ちなみに、コンクリートと鉄の熱膨張率はほぼ同じだからRC構造が成り立っている。もし、二つの材料の熱膨張率が異なっていたら温度変化ですぐにバラバラになってしまう。

伸縮を考えた塩ビ製配管

SUS製手摺の伸縮継手

74 タテ樋が破れて室内は洪水！

❌ トラブル　タテ樋の伸縮で継手にひずみが集中

　一般の建物屋上の雨水は、ドレンで集められて「タテ樋」を経由して地盤面まで降ろされ排水される。タテ樋は、建物の内部を経由する場合と外部に配置される場合がある。塩ビ製の樋は熱伸縮が大きい。そのため伸縮を考慮した取り付けをしないと破断事故が起こる。

　タテ樋は、屋上のドレン直下で、位置合わせのために曲がり継手（エルボー）を使って配管することが多く、この部分での破断例が多い。

　冬期に屋上ドレンから冷たい雨水がタテ樋に入り込むと、塩ビ製樋を収縮させて曲がり継手に力がかかり割れる。内部にあるタテ樋が破断すると雨水が室内に溢れてとんでもない被害になる。

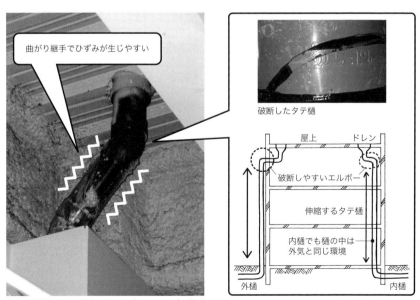

冬期に破断しやすい屋上のドレン直下のエルボー継手

樋が破断して大量の水が室内に…！ 部屋中が水浸しです…！

樋が壊れる原因には、熱伸縮の配慮が不十分なことが多いぞ。

対策 配管の温度伸縮の逃げを確保する

　塩ビ製樋は、室内外を問わず10m程度ごとに伸縮継手を設ける。室内は外部と異なり温度が安定していて伸縮による問題が起こりにくいと考えがちだが、前述のような理由で冷たい雨水が入り込むことで縮んで破断する事例がある。

　また、外部のタテ樋では、温度伸縮の配慮だけでなく、最下部の地盤面に埋まる部分は切り離して絶縁しておく。建物周辺の地盤は沈下しやすくタテ樋が下から引っ張られるのを防ぐためだ。サイズアップした配管を地盤から立ち上げて、それに上からのタテ樋を接着せずに差し込むように納める。ここから先で排水障害が生じた時には、ここから溢れ出すことができる。

内部のタテ樋に伸縮継手を設けた事例

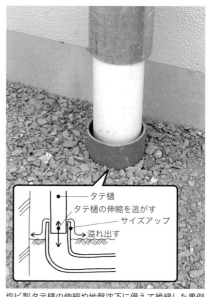
塩ビ製タテ樋の伸縮や地盤沈下に備えて絶縁した事例

75 屋根からの音でビックリ！

折板屋根は熱伸縮する

折板屋根は、薄い金属板を折り曲げて強度をもたせることで、継ぎ目なく1枚で大きなスパンを飛ばすことができる優れた屋根材だ。S造の大面積の建物でよく採用される。

しかし、金属であることから温度変化による伸縮が大きい。長さ50mでは温度差80℃で40mm以上伸縮する。伸縮を拘束しないような取り付け方法になっているが、全体の伸縮による歪みや部分的な伸縮に伴う「面座屈」が生じて大きな音が生じることがある。SUS製のキッチンシンクに熱いお湯を流した時のようなベコッという音だ。よく冷えた寒い冬の朝、折板屋根に日射が当たり始めた頃に生じやすい。

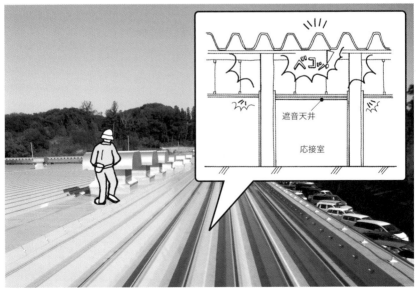

伸縮や座屈による音が出やすい折板屋根

朝、折板屋根からビックリするような音がしたんです…。

折板屋根のメリットとデメリットを発注者に知ってもらおう。

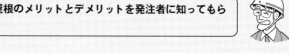

天井の増し張りで遮音対策

　一枚（シングル葺き）の折板屋根だけでなく、断熱材を間に挟んだ「二重折板」（ダブル葺き）でも音が発生する。伸縮を拘束しないスライド式の部材を使って取り付けるなど音鳴り低減対策を講じていてもゼロにはならない。金属製折板屋根の宿命とも言えるので、竣工後のクレームにならないよう発注者の理解を得ておきたい。

　音の発生を完全に防ぐのは困難なので、屋根直下にある会議室や応接室など静寂性を要求される部屋は、ボードを増し張りして天井の遮音性能を高めるのが現実的な対応方法だ。外側で対策するなら、屋根に日射が当たらないよう折板屋根の上にさらに日よけ屋根を被せる方法もある。

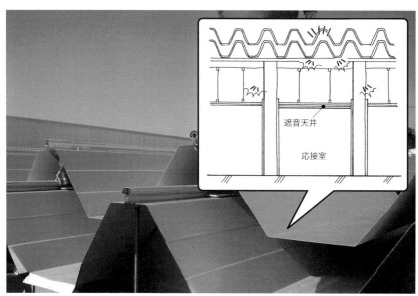

音鳴り対策として取り付けた日よけ用折板

76 熱の移動は3通り

 トラブル 「伝導」「輻射」「対流」の組み合わせ

　熱の伝わり方（熱伝達）は3通りに分類される。それを理解することで、建物での熱にまつわるトラブルの原因や対策が見えてくることが多い。

・**伝導**：物体と物体が直接接触することで熱が伝わる。熱いお茶の熱が湯飲み茶碗に伝わり、それを持った手が熱く感じる
・**輻射**：絶対零度以上の物体は、自ら電磁波として輻射熱を放射する。太陽の熱が真空の宇宙空間を経て地球に届くのも輻射熱だ（p.176）。熱いものに手をかざせば輻射熱を感じることができる
・**対流**：温度を帯びた流体が動いて熱を伝える。エアコンから噴き出る調整された温度の空気が、部屋の中を快適な温度にしてくれる

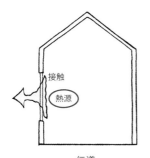

伝導
・窓ガラスと空気
・湯のみを持つ手

輻射
・太陽熱
・反射式ストーブ
・電気ストーブ

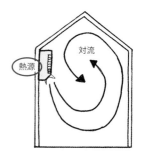

対流
・エアコン
・ファンヒーター
・対流式ストーブ

3通りの熱伝達

建物のトラブルは「熱・温度」にかかわるものがたくさんありますよね。

まず、熱が伝わる仕組みを理解すれば、適切な措置がとれるようになるぞ。

熱伝達の仕組みを理解してトラブル防止！

　3通りの熱伝達をコントロールするために、それぞれの仕組みを理解して対策しよう。

　伝導を遮断するには、断熱材が有効だ。最も安価で効果的な断熱材は「空気」だ。その空気を動かないよう成形したものが、ウレタン吹付材やポリスチレンフォーム板などの断熱材だ。

　輻射を遮断するのは遮熱板だ。輻射は遠赤外線などの電磁波なので、厚さがなくてもアルミニウムなどの反射率の高い材料で遮断できる。

　対流は、熱を伝える流体が動かないようにすればよい。壁の中の空気が対流によって問題を起こさないようグラスウールなどで流体（空気）の動きを封じる。

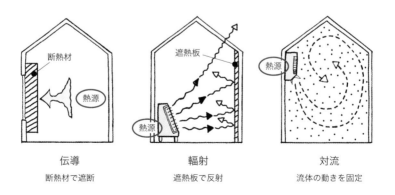

それぞれの熱伝達をコントロールする方法

77 結露は断熱で防げるの？

トラブル　結露は「露点」以下の温度になるところで発生する

　冷たい部分に触れた空気中の水蒸気が水滴になるのが結露だ。空気は温度が高いほどたくさんの水蒸気を含むことができる。逆に言えば、空気の温度が下がると、含むことのできる水蒸気の量が減る。ある空気の水蒸気が飽和状態（相対湿度100％）になる温度を「露点」と言い、それ以下の温度になるところで結露が生じる。

　身の回りに水蒸気を含んでいない空気はない。水蒸気は、お風呂や鍋からばかりでなく、人間の体からも出ているし、大気中からも供給される。冬期に冷たい外部に面するところに結露が発生しやすいのは、外から冷やされることと、締め切っている室内に水蒸気が溜まりやすいからだ。

屋根の断熱材が剥がれたところだけが露天以下になって結露している

結露現象は、暖かくて湿った空気が冷たいところに触れることで発生するんですよね?

そうそう、露点以下のところに触れると結露するんだ。

対策 "露点以下"をつくらないための断熱材

　結露対策の一つは、結露する部分の表面温度を露点以下にしないことだ。そのための方法に「断熱」がある。断熱することで表面が冷えるのを防いで、露点以下の温度にならなければ結露は生じない。

　断熱は熱を伝わりにくくするので、昼夜など外の温度に時間変化がある時に、室内の温度変化を緩やかにすることができる。しかし、冷凍庫の壁など、温度差が大きくて時間変化のないような場合には、断熱材では結露防止にならないこともある。どんな場合にでも断熱さえすれば結露が防げると考えるのは間違いだ。

RC造集合住宅の外壁内側では、断熱ウレタン吹付けで継ぎ目のない断熱層を形成する

78 水蒸気を取り除け！

灯油やガスの燃焼で生じる水蒸気

　結露防止の対策としては、結露するところの表面温度を下げないようにすることだけでなく、空気中の水蒸気を減らすことが有効だ。空気にも「湿った空気」と「乾いた空気」がある。乾いた空気では結露は発生しにくい。

　結露は、空気中に含まれている水蒸気が水滴になっているものだ。結露水をいくら拭き取っても、空気に大量の水蒸気が含まれている限り解消しない。

　結露トラブルが発生したら、まず水蒸気の発生源を確かめよう。湯気を大量に発生させる浴室や厨房だけでなく、大勢の人が集まる部屋では人から放散される水蒸気も原因になる。最近では、冬期のインフルエンザの流行を防ぐ目的で行われる「加湿」が結露を招いていることもある。

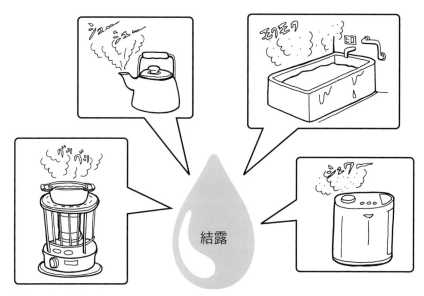

結露の元になる水蒸気の供給源は？

結露現象は、温かい空気に含まれた水蒸気が水滴になる現象ですよね?

結露の元になる水蒸気がどこから供給されているかを見極めよう。

対策　水蒸気を追い出そう!

　結露防止には、結露する空気から水蒸気を取り除くのがセオリーの一つ。水蒸気の供給を断つことと、乾燥した空気との入れ替えや除湿が有効だ。

　室内に水蒸気の発生源がある場合には換気をする。ただし、換気というのは「排気」と「給気」のセットだから、室内の空気を排気すると同時に同じ量だけ外気が給気される。冬は乾燥した空気だが、梅雨時期には湿った空気が部屋に入り込んで、結露を悪化させることもある。

　除湿するには、その部屋を閉め切って除湿器を稼働させる。100m³(25帖くらいの部屋)ある部屋の25℃の空気で、相対湿度を80％から40％にすると1ℓ近くの水が回収できる。水蒸気を減らすとその空気の露点温度が下がり結露しにくくなる。

冬は換気して乾燥した空気と入れ替えるのが有効

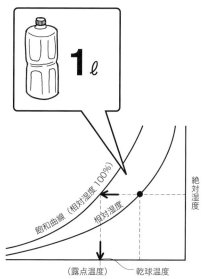
湿り空気線図。絶対湿度が下がると露点温度も下がる

79 天井を通り抜ける水蒸気

✕ トラブル　目に見えない水蒸気

　目には見えないが、結露が発生するところには、必ず原因になる水蒸気がある。天井フトコロなどの水蒸気の発生源がない空間でも、室内側にある水蒸気が天井を通り抜けて供給される。

　空気中の水蒸気が、天井や壁を構成する「面材」を通り抜けて移動することを「湿流」や「透湿」と言う。湿流は、湿り空気線図の絶対湿度の高い方から低い方へと流れる。

　天井や壁を構成するPBやケイカル板などの面材で、水蒸気を遮断できると思っている人が多いが、金属や樹脂など分子結合の緻密な材料でなければ「湿流」を遮断することはできない。

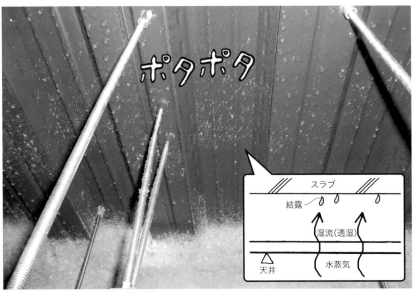

天井フトコロのデッキ裏に発生した結露

水蒸気がないはずの天井裏で結露しています。どういうことでしょう…？

水蒸気は、天井や壁を簡単に通り抜けるんだよ。水蒸気を遮断するのは、屋上防水よりも大変なんだ。

水蒸気の流れを理解しよう

　まずは、空気の流れとは別に天井などを透過する水蒸気の流れがあることを理解しよう。たとえば、冬期に室内で石油ストーブを使うと、ストーブによる温度上昇と石油の燃焼で発生する水蒸気で、室内の水蒸気圧（絶対湿度）が高くなる。

　室内の水蒸気は湿流として天井の面材を透過して水蒸気圧の低い天井フトコロに移動する。移動した水蒸気は、天井フトコロの冷たい部分に触れることで結露になる。

　結露の対策では、結露する面の温度を下げないための断熱を検討することが多いが、それだけではなくて水蒸気がどこから供給されているのかを見極めよう。換気して水蒸気を取り除くことも結露対策だ。

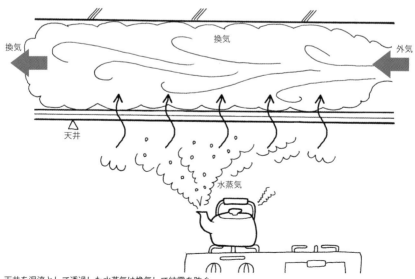
天井を湿流として透過した水蒸気は換気して結露を防ぐ

80 床にも結露するの？

❌ トラブル　見落としがちな土間床の結露対策

　空気中の水蒸気は、表面温度が露点以下の場所で水滴となる。意外に盲点なのは"床"だ。土間床の表面にも結露が発生することがある。特に春先の季節には、温かくて多量の水蒸気を含んだ大気が、開け放した開口部から建物内に入り込んで冷たい土間の床面に触れることで生じる。この時期は、大気は暖かくなっても、地盤の温度が上昇していないため、土間床の表面温度が露点以上になりにくいためだ。

　物流倉庫では、床の結露によって運搬用のフォークリフトが滑ったり、学校では、玄関の靴を履き替える下足室で児童が滑るなどの問題を起こすので注意が必要だ。

倉庫床の結露　　　　　　　　　　廊下床の結露

床でも生じる結露

え？！ 土間床の表面にも結露することがあるのですか？

土間床の結露対策は、事後対策が取りにくいので、コンクリートの下に断熱材を打ち込んでおこう。

対策　床の表面温度を上げるために…

　事前対策としては、断熱層を設ける方法がある。土間床の温度は、下の地盤からの影響を受けるので、温度の低い地盤との間を断熱するために土間コンクリートの下層に断熱材を打ち込む。

　事後対策は簡単ではないが、外部からの湿った空気が侵入しないよう出入口の扉やシャッターの開放を避け、可能であれば上面にタイルカーペットや断熱層のある仕上材を張る。天井扇などで、室内の上方にある暖かい空気を床面に吹き当てて床の表面温度を上げることも結露防止に有効だ。冷凍庫の出入口など、確実な対策が必要な部分は、ヒーターを埋設しよう。

断熱材を打ち込んだ土間床

81 庇から水滴が…

トラブル 庇の下面に結露が発生！

　天気の良い冬期の朝方、物流倉庫の庇下に置いてあった商品に水滴が落ちて濡れてしまった。水滴は、金属折板葺きの庇屋根の下面に発生した結露であった。

　折板葺きの庇屋根の裏面に結露が発生する事例はしばしば経験する。原因は、放射冷却現象によって、庇屋根の表面温度が気温よりも下がり露点以下になるからだ。

　こうした現象が生じるのは、雪が降るような夜ではなく、天気の良い晴れた夜に限られる。雪が降るような夜は、雲が厚くて放射冷却が起こりにくいので、屋根面の温度は露天以下にはなりにくい。

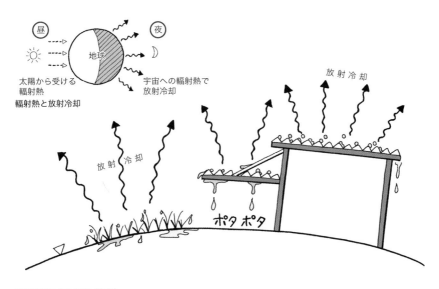

放射冷却による結露（夜露）

雨に濡れないように、庇の下に置いていた商品が濡れてしまったんです。

庇の下面には結露することがあるんだぞ。

対策　折板庇の裏面には断熱材

　天気の良い夜間に地球表面にある物体から宇宙空間に向かって輻射熱を放射して温度が下がる現象が「放射冷却」。それによって冷やされた地表の物体表面に生じる結露が「夜露」だ。金属の折板屋根は熱伝導率が高くて、屋根の上面と下面はほぼ同じ温度になるので、結露は屋根の上面だけでなく下面にも生じる。

　この現象は季節に関係なく生じるが、夏期には気温が高くて、水滴がすぐに蒸発するので目につかない。冬期の低い温度の空気は、乾燥していて結露は生じにくいと思われているが、水蒸気量が少なくても、露点以下の部分に接すればやはり結露が生じる。庇の裏面には断熱材を設けることが対策のセオリーだ。外部なので耐候性の高いものを選択しよう。

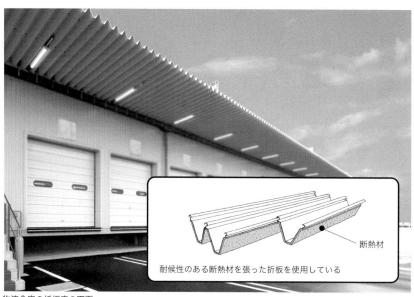

物流倉庫の折板庇の下面

耐候性のある断熱材を張った折板を使用している

断熱材

82 床が氷で隆起する？！

❌ トラブル　地盤が凍って持ち上がる「凍上現象」

　竣工後10年以上経過した大型の冷凍倉庫の移動ラックが動かなくなった。凍上現象によって床が隆起して、ラックのレールに勾配が生じたためだ。

　凍上は、冷凍庫内の冷気が床の断熱層を伝って地盤に伝わり、土中の水分が凍って体積膨張することで生じる。凍結した水分は、上方を持ち上げようとしながら横方向に広がり、「アイスレンズ」といわれるレンズ形状の氷に成長する。氷が成長するためには、氷になる凍結温度が継続することと、水が供給され続けることが条件とされているが、細かなメカニズムは解明されていない。寒い地方の冬に、舗装した道路や排水側溝が隆起して壊れるのも同じ現象だ。

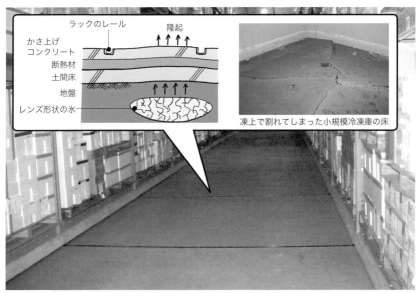

凍上で割れてしまった小規模冷凍庫の床

凍上による隆起で動かなかくなった冷凍倉庫の移動ラック

冷凍倉庫の床が急に膨れだしたらしいんです…。

寒い地域の冬には、道路でも日常的に起こることなんだ。冷凍庫では事前の対策が不可欠だ。

対策 空気を通して地盤を凍らせない！

　冷凍倉庫の凍上を防止するには、冷凍庫の床下の断熱材を厚くするだけでは十分でない。断熱材は、時間的な温度変化を緩和することはできるが、定常的に一定温度に保たれる冷凍庫では、断熱材があっても一定の深度までが凍結温度になって均衡する。

　凍上による床の隆起を防ぐには、流通する空気のある床下空間をつくるか、通気管を巡らして、地盤を凍結温度にまで下げない対策が必要だ。

　スーパーマーケットのバックヤードにある小規模な冷凍庫でも、同様の現象が生じることがある。大規模な対策が取りにくい場合には、床下にヒーターを仕込むことや、地盤の土を水分の少ない砕石に置換することが考えられる。施工者としても知っておきたい。

凍上防止には地盤を凍らせない処置が必要

5章

外構工事

建物の周囲を整備する外構工事は、全体工期の最終段階に施工されます。建物の外部足場を解体した後のこの時期は、内部の仕上げ工事もピークを迎えており現場はとても多忙な時期です。敷地の出入口周辺の工事によって工事車両の出入りが制限されることもあり、とても工事がしにくくなります。そのため、事前の施工計画が重要となります。
　舗装工事などは専門工事業者に任せきりの状態となりやすいのですが、できるだけ早い段階で施工計画を立てておきましょう。天候によっては施工できなくなることもあるので、余裕のある計画としたいものです。竣工後のトラブルには、外構工事で発生するものが少なくありません。多くは事前の計画と時間的な余裕があれば防げます。

83 水溜まりがお出迎え…

 トラブル 門扉周辺に排水経路がない

　建物の外構工事では、設計図で定められた排水勾配を確保して施工するのは当然だが、十分な勾配が取りにくい広い駐車場などで、降雨後に水溜まりができてしまうことがしばしばある。水溜まりができることは、施工者として褒められることではない。

　写真のような施設の出入口門扉周辺は、門扉のレールがあるために勾配が取りにくく、水溜まりができやすい場所の一つだ。特にこうした出入口や建物の玄関周辺、人の歩行経路に水溜まりが発生すると必ずクレームになる。設計図に水溜まりができてもよいとは書かれていない。

降雨後に水溜まりができやすい出入口門扉周辺

よく外構に水溜まりができてしまうのですけど、どうやったら防ぐことができるでしょうか？

設計図がどうあろうが、水溜まりができない施工をしなければならないぞ。

対策　排水経路と勾配の確保は施工者の責務

　門扉のレール周辺は勾配がないので水が溜まりやすいところだが、端部に排水溝を設けるなどの工夫をしたい。雨水が入り込む恐れのある建物出入口の自動ドアのレールにも排水経路を確保する。

　倉庫前の屋外作業ヤードなどで、発注者からフォークリフト作業の支障になるので勾配を付けないでほしいと要望され、設計図にも勾配が設定されていなかったことがある。しかし、降雨後に水溜まりができると必ずクレームになるので、必要な排水勾配は確保しなければならない。外構の排水勾配は、建物そのもののレベル設定や排水設備にも深く関わるので、建築工事の着手前に、敷地の土量計算とともに外構工事の勾配計画を決めておきたい。

出入口の自動ドアのレールに設けた排水経路の孔。排水経路がないと水が溜まったままになる

84 自転車が倒れる駐輪場

トラブル 駐輪場の床が穴ぼこだらけ…

　自転車を駐める駐輪場の仕様は安易に考えないほうがよい。駐車場の一部のスペースを駐輪場にしてしまう事例もあるが、床をアスファルト舗装のままにすることは避けたい。

　アスファルト舗装は夏期の高温で軟化する。軟化したアスファルトに自転車のスタンド部分がめり込んで倒れてしまう。いくら軽い自転車でも、細いスタンドで集中荷重が作用すると舗装面は容易に凹む。いったん凹んだ舗装面は元には戻らないので、穴ぼこだらけの駐輪場になり、夏期でなくてもスタンドを立てるのに苦労することになる。

自転車のスタンドで凹んだアスファルト舗装の駐輪場

駐輪場は、駐車場の余った部分に白線を引けば十分ですよね？

アスファルト舗装の駐輪場は、必ずクレームになるぞ！

対策　小さくても駐輪場の施工計画はしっかりと！

　まず設計図で仕様を確認しよう。床はアスファルト舗装を避けてコンクリートの土間床にするべきだ。

　工事の最後に外構工事の一部として施工することになる駐輪場は、施工計画が疎かになりやすい。照明器具への電気の配線ルートや、屋根の雨水排水の経路も重要だ。雨天時に自転車の利用は少ないかもしれないが、排水の経路を確保しておかなければ、周辺にたれ流しになってしまう。床に水溜まりができるのはもってのほかだ。水溜まりができないよう床の勾配を確保する。

　屋根がある駐輪場は、たいてい建築確認の対象なので、仕様の変更だけではなく位置の移動などの扱いは早期に設計者と協議する。

床をコンクリートにしている駐輪場

85 インターロッキングが真っ白に？！

✗ トラブル　水分が蒸発したあとに残る成分

　外構工事のインターロッキングブロック舗装の表面に、激しい白華が生じることがある。これは、インターロッキングブロックの下に溜まった水が、ブロックに浸み込んで表面から蒸発する過程でブロックに含まれるセメント中のカルシウム成分が出てきたものと考えられている。高温焼成した吸水性の低いタイルレンガで発生することはなく、セメントで硬化させたブロックで生じる。

　特に、車が乗る場所などでブロックの下に沈下防止の土間コンクリートを打設しているところで生じやすい。コンクリートのために水が抜けなくて滞留しやすいからだ。水が浸入しないところや、十分な勾配があって水はけがよいところでは生じない。

表面に白華が生じたインターロッキングブロック

インターロッキングの白い汚れはどうしてできるのですか?

インターロッキング舗装の下地に水が溜まるからだよ。

対策　水分を滞留させない配慮が必要

　白華を予防するには、インターロッキングブロックの下層で水が滞留しないよう排水経路を確保する。下部にコンクリート層がある場合は、適当な間隔で排水穴を開けよう。コンクリート層の下は砕石などの透水層を設ける。

　インターロッキングブロック舗装の水下部に排水溝がある場合は、表面の水だけでなくブロックの下層の水が排水できる位置に排水孔を設ける。最近ではそれを目的としたコンクリート二次製品も販売されているようだ。インターロッキングブロックを一個ずつ浸透性防水材で水が吸い込みにくいように処理することも効果的とされている。

インターロッキングブロック舗装の施工

86 機器が転倒する犬走り

重量物を載せると下がる犬走り

　建物の周囲に、「犬走り」と言われる土間コンクリートを設ける場合がある。これは、もともと和風建物の周囲にある犬が通れる位の幅の通り道、という意味からきているらしい。本来は、建物の地面と接する部分を保護するものとされるが、この部分は空調室外機やガスボンベなどさまざまな設備機器を置くスペースとして使われることが多い。

　ところが、建物周囲の地盤は、基礎工事施工後の埋戻しが不十分なことも多く、土間コンクリートが数年後に沈下してしまうトラブルがある。建物とあと打ちアンカーでつながっているだけの場合は、土間コンクリートの先端が下がって斜め勾配になり、上に載った機器が傾いてしまう。

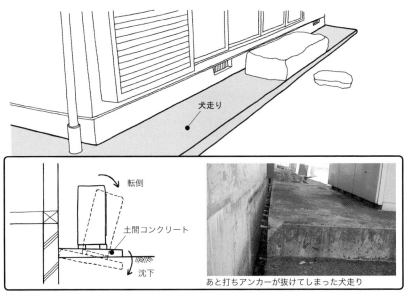

あと打ちアンカーが抜けてしまった犬走り

犬走り基礎

犬走りって犬を走らせるドッグランのことかと思ってました…。

建物を保護するものなのか、機械基礎なのか、目的をはっきりさせよう。

対策　機械基礎として考慮された犬走り

　建物周囲の土間コンクリート（犬走り）を、沈下や変形が起きないように、RCの片持ちスラブとして建物の地中梁から支持させることがある。ただし、その荷重は建物が負担することになるので、設計者に構造の考えを確認しておく。杭支持の建物の場合は、建物の積載荷重の一部として杭が負担することになる。

　犬走りの土間コンクリートは、建物とつないでいなければ、地盤が沈下した場合にも斜め勾配にはなりにくい。機器による振動が建物内部に影響することを避けるためにも、建物と土間コンクリートはあと打ちアンカーもなしで完全に絶縁しておいた方が良い。もちろん、地盤は十分な埋戻し転圧を行っておく。

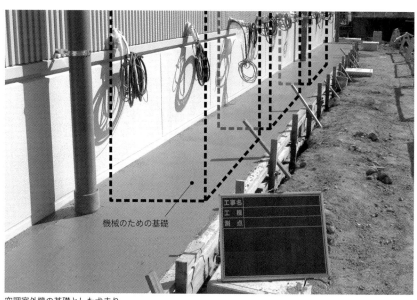

空調室外機の基礎とした犬走り

87 「枯れ保証」は何の保証？

❌トラブル　曖昧になりやすい枯れ保証

　植栽工事では、屋上防水と同様に「保証書」を要求されることが多い。多くは、1年以内に枯れた場合に無償で植え替えをするというものだ。

　そもそも、工事の請負契約に瑕疵保証の項目があるのに、どうして保証書を出すのだろうか？　それは、建築工事で施工される「植栽」が建材ではない「生き物」であることから、取り扱いが曖昧になりやすいためと考えられている。

　したがって、提出する保証書はできるだけ曖昧にならないようしておきたい。植栽の保証は、建物を引き渡した後の日常の維持管理とも切り離せない。メンテナンスフリーと謳っている植栽材料も見かけるが、過度の期待をすると、うっかり施工者に責任転嫁されることがある。

一本ずつの「木」は枯れの判断がしやすいが…

今さらですけど……保障？ 保証？ 補償？ どう違うんでしたっけ？

保証：間違いがないと約束すること。保障：望ましい状態を確保して保護すること。補償：損害を埋め合わせてつぐなうこと。防水や植栽では「保証」だな。

対策 植物の被覆率にも取り決めを

　植栽は「木」ばかりではない。芝やマツバギクなどの被覆植物（地被植物）の枯れ保証についてはどう扱っているだろうか？ 屋根や屋上の緑化にも採用されることが多いが、これらの植物は「木」のように1本ずつの評価はできない。どれだけ成長しているかの「被覆率」と枯れてしまった「面積割合」で評価することなどを保証の内容として明記しておきたい。

　単に枯れたら植え替えるという約束だけではなくて、竣工後の水やりなどの維持管理が十分でなかったために枯れた場合は、施工者としての保証は免責になるようにしておきたい。病気予防や害虫駆除も維持管理の問題であることを理解してもらおう。

被覆植物は被覆率と枯れた面積割合で評価するなど、規準を決めておく

88 外構照明による光害

 トラブル 外構照明が明るすぎる！

　建物の駐車場には、照明器具が設置される。ポールの先端に設けることもあるし、建物の壁から横向きに照らすこともある。
　照明器具の目的は、もちろん夜間に周囲を明るく安全に照らすことだが、この光が逆に近隣住民からのクレームを招くことがある。これまで平穏だった地域に新しく建物が建ち、明るくなるということが歓迎されるばかりとは限らない。農作物への悪影響や、光源に虫が集まるので困るという苦情もある。

駐車場の夜間照明

近隣の民家から、駐車場を照らす照明がまぶしいと言われて困っているんです。

発注者にも伝えて、設計者には配光性のある照明器具を選定してもらうなどの対策をとろう。

対策　必要な分だけ、光をコントロール

　外構工事の照明器具は明るさの性能だけでなく、近隣の状況に見合った器具を選定してもらう。ポールに設置する照明器具にも、全方位に照らすタイプでなく、方向を制限する（配光性）タイプのものもある。タイマーで点灯する時刻を制御して、深夜には防犯灯を残して消灯するという方法も考えられる。

　ほかにも、建物の屋上に駐車場があるショッピングセンターなどでは、スロープを昇り降りする車のヘッドライトによる光害が問題になる場合もある。車のヘッドライトの光は意外に遠いところまで届くからだ。適切な位置に光を遮る壁が必要になることがある。

シェード（覆い）を取り付けた駐車場の照明

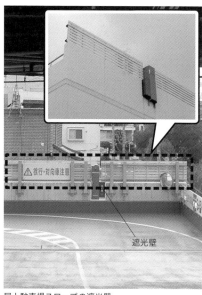

屋上駐車場スロープの遮光壁

89 アスファルト舗装の陥没

❌ トラブル　舗装の部分沈下と水溜まり

　竣工後、数年で発生するクレームの中でも多いものの一つが、外構の舗装の沈下や陥没だ。駐車場や建物周囲の舗装が部分的に下がって雨水が溜まる。駐車場の水溜まりのせいで車の乗り降りに困った経験はないだろうか。

　外構計画では、建物の基準レベルが決まった段階で、外構の舗装勾配や排水経路の計画を行う。ただし、十分な勾配や排水路を確保していたとしても、舗装の部分的な沈下が生じれば水溜まりの発生は避けられない。

　生じてしまった舗装の沈下は、部分的な補修でしか対処できないので、そうならないように事前対策を講じておきたい。

　部分的に舗装が沈下する原因はいくつかある。一つは給水管や排水溝などの埋設物の施工に伴う埋戻し作業が十分でないことだ。

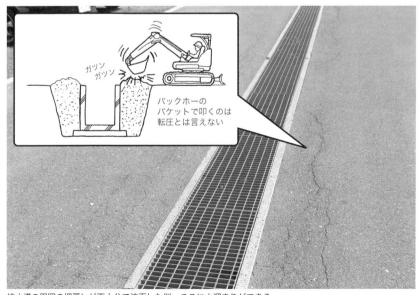

排水溝の周囲の埋戻しが不十分で沈下した例。ここに水溜まりができる

しっかり転圧したつもりだったんですけど、舗装が凹んでしまったんです。

大事なのは、埋戻し作業と舗装する前の路床・路盤の確認だ！

確実な埋戻しと転圧が不可欠

　埋戻しで土を入れてバックホーのバケットで叩くだけでは転圧とは言えない。埋戻し作業は、厚さ300mm程度ごとにタテ型ランマーや振動ローラーを使ってしっかりと転圧する。埋戻し土の状態が悪ければ良質な砂を使うなどの配慮をしたい。なお、プレートランマーは表層仕上機なので、確実な転圧は望めない。

　また、舗装下の路床の土が水を多く含んで豆腐のようにプルプルした状態のまま舗装をすると、短期間で表面の舗装が割れる。状態がひどい場合は、その上を歩くだけで軟弱さを判別できることもある。見過ごさずにセメントで地盤改良するなど確実な対策をしておきたい。

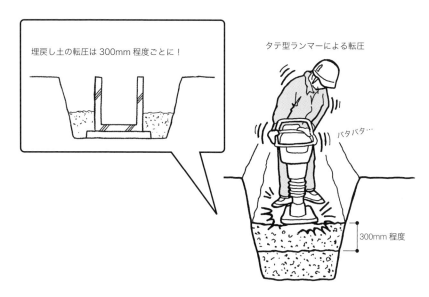

埋戻しの転圧作業は確実に行いたい

6章

維持管理・現場運営

施工者にとっては、工事を終わらせて発注者に引き渡すことが最大の目標であり、その後は現場を離れて別の物件に携わります。しかし建物にとっては、使われだしてからが始まりです。解体されるその日まで、維持管理を行いながら健全な状態で使ってもらうためには、建物を使う人の立場を忘れることなく、竣工後の維持管理のことを考えた施工をしなければなりません。
　施工現場で、建物に関わるさまざまな工事の調整をするのは元請け施工者の役割です。現場の運営は、さまざまな法令やルールに従いますが、施工の専門家として適切な提案をしながら、関係者皆でより良い建物を完成させるという共通の目的に向かって努力しましょう。

90 行きたいのに、行けない…

✕ トラブル　建物の維持管理ができない！

　屋上や屋根の排水ドレンは、詰まることがないよう日常の清掃が不可欠だ。維持管理ができていない建物では、ドレン周辺に塵埃が堆積して草が生えていることさえもある。排水ドレンは、清掃しやすい場所に配置したい。見えないところや手が届かないような場所にあったのでは清掃したくてもできない。

　日常の維持管理作業がしづらいところは、豪雨や台風時などで問題が発生した時に建物の管理関係者がたどり着くのはさらに困難だ。行けない、見えない、手が入らないのでは、竣工引き渡し後の維持管理をお願いしても実施してもらえない。

清掃しようにも手が届かない、見えない、行けない…

日々の清掃をお願いしたんですけど、清掃するにもどうやって行けばいいの？って言われました。

引き渡し後の維持管理作業のことも考えて施工しよう。

メンテナンスルートの確保

　建物の維持管理（メンテナンス）作業のために、屋根や庇、屋上、ペントハウスなど、建物のすべての場所に行けるようメンテナンスルートを確保する。その都度、足場を架設しないとたどり着けない場所の日常の維持管理作業は不可能だ。

　垂直タラップを設けることもルート確保の手段の一つだ。「はしご」があれば行けるので、タラップは必要ないという意見も聞くが、はしごが常時準備されている建物は少ないし、外部から運搬するのでは緊急時に間に合わない。少なくとも、備品として置いてある脚立程度で行けるようにしておきたい。急な勾配の屋根など、専門の作業員だけしか行かないところでも、命綱を設けるためのフックやメンテナンスバーなどの配慮も忘れずに。

メンテナンス用タラップ

91 笠木を踏まないで！

✕ トラブル　踏まれて雨が漏る金属笠木

　日本の文化では、和室の敷居や畳の縁を踏むことはお行儀が悪いとされているが、タラップを使って屋根や屋上に上がる時に、パラペットの天端笠木やケラバの包み板金を踏んでしまうことは人間の習性のようだ。

　施工現場でタラップを取り付けるのは、外部の仮設足場が撤去される工事の最終段階のことが多い。この時期には屋根や外壁が仕上がっており、タラップを利用する職種は限られているはずだ。しかし、その一部の作業員が屋根に上り下りする時に金属笠木を踏んで損傷させてしまう。板金が曲がって雨水が溜まるなど漏水の原因になってしまうこともあるが、工事の最終段階のこの時期になって笠木を取り替え修理することは困難だ。

いくら注意してもつい踏んでしまうケラバ包みや笠木

「踏むな」と言っても、踏んでしまうのはどうしてでしょうかね…。

メンテナンス用タラップは、使いやすくて、安全性の高い形状にしよう。

"踏み板"の設置と安心の"背カゴ"

　屋根に上がる垂直タラップは、上部に 600mm 以上突き出して最上段には踏み板を設ける。それによって、工事中だけでなく竣工引き渡し後も笠木を踏まれて損傷するのを防ぐことができる。

　タラップの幅は 400mm とすることが多いが、用途に応じて決める。おおむね 5m 以上の高さで使用するタラップには「背カゴ」を設けたい。背カゴがあると安心感が大きく違う。維持管理作業の経験者でないと、タラップの仕様決定が疎かになりがちだが、用途や危険性を説明して、設計者の承認をもらって決めたい。建築物への法的な規制ではないが、JIS には「固定はしご」の規定がある。

踏み板と背カゴのついたタラップ

92 通れない人通孔…

❌ トラブル 手が掛けられないからくぐれない！

　1階の床下をピットとして利用する建物では、地中梁に人通孔を設けてメンテナンス用の通路とすることがある。人通孔として地中梁に設ける穴は、構造体に対する開口として、大きさや位置に制限があるので、構造設計者に確認しなければならない。

　ところが、こうした人通孔は、狭いピット内に最小限の寸法で開けられているため、そのままでは使えないことが多い。人間が穴をくぐる時には手足を使う。人通孔の周辺に「手掛かり」や「足掛かり」がないと、穴をくぐるという動作ができないのだ。これは経験した者にしかわからないので、施工現場を知らない設計者が作成した図面にはこれらが記載されていない。

手掛かりがないと這って進むしかない。ピット底に水が溜まっていると水浸しになる

地中梁に人通孔をつくったのですが、いざ使う時にうまく通れないんです…。

孔があればよいというものではない。人が通れるようにして初めて人通孔と言えるんだぞ。

図面になくてもほしい手掛かりと足掛かり

　地中梁に設ける人通孔は、建物の維持管理者が無理なく通れるようにしておかなければならない。引き渡しまでの工事中の作業としても、通路を通りやすくしておくことは災害防止の見地からも有効だ。竣工後も使用できるものを工事中から設置しておく。

　水が溜まるピットでは、濡れずに通れるような配慮もほしい。人通孔の上部には手掛かりのSUS製バーを取り付ける、下にはコンクリート製踏み台を足掛かりとして置く、などの方法がある。

　床の人通孔（マンホール）からピット底に降りる部分にも、タラップを必ず設ける。図面にないからと設置しなければ、その都度はしごを準備しなければならない。

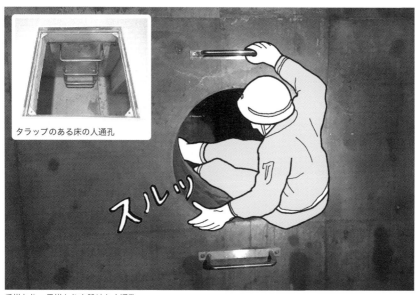
タラップのある床の人通孔

手掛かり・足掛かりを設けた人通孔

93 施工現場にある消防危険物

 トラブル 貯蔵する意図がなくても数量に注意！

　施工現場では、塗料や塗膜防水材などの危険物や可燃物を扱うことがある。それらの建材を取り扱う作業員は、中毒や引火などから身を守りながら取り扱うために必要な知識をもっている。ところが、これらの危険物を一定量超えて集積や貯蔵する場合には、建材を使用することとは別の注意を払わなければならない。

　大量に貯蔵する意図がなくても、指定数量を超える量が施工現場に搬入される場合には、消防法や条例に従った承認や届出の手続きが必要だ。工事で使用する材料だけでなく、現場事務所で冬期に使用する灯油などの暖房用燃料も同様だ。

大面積のウレタン防水などは材料の貯蔵にも注意が必要

消防署から、工事で使う可燃物の取り扱いについて指摘されてしまいました。

燃料や揮発性溶剤などは取扱いに注意を要する「危険物」だから消防法に従った手続きが必要だ。

施工現場の"危険物"もしっかり管理

　消防法では、危険物の「区分」が決められていて、それぞれに「指定数量」が定められている。一定量以上の危険物を現場に持ち込む場合は、定められた仕様で、市町村長の許可を受けた「危険物の貯蔵所」を設置しなければならない。異なる二つ以上の危険物を取り扱う場合には総量で規制される。

　それを避けるためには、施工現場での貯蔵量が指定数量を越えないように分割して搬入する方法がある。施工面積や工程に関わることなので施工計画の検討が必要だ。施工途中で計画を変更することにならないよう、着工前に危険物であることを認識して数量をしっかりと把握しておこう。

指定数量を越えた貯蔵には、許可を受けた「危険物の貯蔵所」が必要だ

94 短工期のため品質が確保できない！

❌ トラブル 短工期と品質確保

　現代は何事においてもスピードが要求される。施工現場でも短工期が求められ、契約で工期が決められているにもかかわらず、さらに早い完成を要求されることも少なくない。

　コンクリートの強度が発現するまでの決められた養生日数を守って、型枠や支保工を解体していてはとても工期を守れないということも多い。施工を担当する建築技術者としては、矛盾だらけだ。

　では、そのような厳しい工期で施工するのだから、品質は疎かにしても良いかというとそうではない。技術者には、限られた条件の中で確実に良いものをつくり出すことが求められている。

後戻りをする余裕はなく突き進むしかない施工現場

下地が乾燥しないうちに仕上げの施工をしないと間に合わないんです。

重要なことを疎かにしないよう優先順位を考えた施工を考えよう。

優先度を決める技術者の判断

　ひとたび発注者と契約を結んだからには、工期を守らなければならないのは当然だ。施工者（現場担当者としてではなく建設会社として）は工期が守れることを条件で受注しているのだから、限られた条件の中で、最良の施工方法を考えるのが施工技術者の仕事だともいえる。

　短工期と品質確保について争われた紛争では「工期によってできることとできないことがあるのは当然であり、工期に見合った品質にならざるを得ない」と判断されている。その中で重要なものとそうでないものを区別して優先度を決める判断が、建築技術者に求められている。在来の湿式工法を乾式工法に変える提案をするなど、施工者の独りよがりになることなく、発注者や設計者と協議しながら良いものを完成させたい。

バランスよく軽・重・緩・急の判断ある管理をしよう

95 JASSって法律？

「建築工事標準仕様書・同解説」の扱い

　JASSは日本建築学会の「建築工事標準仕様書・同解説」（Japanese Architectural Standard Specification）のことで、材料の選択や工事の方法を示した「仕様書」だ。工事ごとに27種類が出版されており、参考にすべき建築の仕様書として広く普及している。

　JASSには、最低限守るべき規範と目標とが混在しており、施工現場で完全に順守できるものにはなっていない。にもかかわらず、設計図の「適用される仕様書」にJASSが指定される場合がある。設計者は設計図にJASSを盛り込んでおけば安全と考えがちだ。本来のJASSに仕様書としての拘束力はないのだが、設計図に記載されると契約書としての効力が生じる。万が一、紛争になると施工者の不利益になることが想定される。

日本建築学会のJASS。参考にすべき仕様書だが、設計図に記載されると…

JASSに従った施工をするように、設計者から求められているのですが、できるでしょうか…。

JASSの内容を完全に履行する施工は不可能だ…。設計者に真意を確認しよう。

対策 順守できないJASSはポイントを協議

　仕様書というのは、最低限の守るべき位置付けとなるものが多いが、日本建築学会のJASSは、位置付けが曖昧で施工現場で完全に順守できる内容ではない。しかし、施工した建物で紛争が生じた場合には、技術的に正しいか否かではなく、設計図（契約書）通りであるかどうかという視点で判断される。

　JASSが設計図に記載されている場合には、発注者と設計者にJASSを特記（仕様書）に盛り込んだ趣旨を確認する。その上で、JASSの中の特定のある項目だけは守る、といった具体的なポイントを明確にして対応するのが現実的と考えられる。その内容を協議記録として残し、竣工図では訂正をしておきたい。

JASSが盛り込まれている場合は、関係者間でしっかりと話し合おう

96 「瑕疵」って何のこと？

❌ トラブル 「施工の瑕疵」と「設計の瑕疵」

　建物の不具合が表面化した時に、「瑕疵」という言葉が使われる。本来あるべき品質が備わっていない状態を示す言葉だ。でも、その瑕疵の責任がどこにあるかとなると、簡単ではない。

　たとえば、取り付けてある照明器具が外れて落ちてしまったという場合、照明器具が簡単に外れるというのは普通ではないから、明らかに施工者の取り付け方に瑕疵があったと考えられる。しかし、絵を掛けていたフックが外れて落ちてしまった場合はちょっと複雑だ。設計者によるフックの選択、施工者によるフックの取り付け方、使用者が掛けた絵の重さ、それぞれ原因となる可能性がある。フックの選択に誤りがあったのなら、それを選んだ設計の瑕疵と判断される。

瑕疵の責任はどこにある？

「瑕疵」というのは、本来あるべき機能・品質・性能・状態が備わっていないこと…でしたっけ？

そのとおり。表面に現れたものだけでなくて、まだ見えていないものも含んでいるんだぞ。

潜在的な瑕疵もない施工をして完成させよう

　建物に瑕疵があるからといって、いつも施工の瑕疵とは限らない。施工者が責任を負うのは"発注者と契約して施工した行為に起因する瑕疵"だ。不具合が発生した時には、何が原因なのかを冷静に見極めよう。

　また、瑕疵を問われるのは、表面化したものだけでなく「潜在的なもの」を含んでいるということを忘れてはいけない。たとえば、鉄筋のかぶり寸法が確保されていない場合には、コンクリートの表面に不具合が見られなくても「瑕疵が潜在している状態」と見なされる。そのことで瑕疵責任を問われて、隠れている問題を「今直せ」と要求されることもあり得る。施工者は、表面に現れるかどうかにかかわらず、やるべきことを確実に施工する。そして瑕疵のない施工をしたという記録を残すことが重要だ。

「瑕疵」のある建物を発注者に引き渡すことはできない

97 「ひび割れ」対策の心構え

 トラブル　ひび割れで責められる施工者…

　建築技術者は、コンクリートに発生するひび割れを防ぐことが困難な問題であることを知っている。しかも、それを防ぐために施工者としてできることは限られている。

　ところが現実には、生じてしまったひび割れを施工者ばかりの責任にされてしまうことも少なくない。そのひび割れから漏水があったりすると、施工者として放置することができなくなるのが現実だ。

　ひび割れにはさまざまな要因が関係していて、建物の設計上の要因、コンクリートの材料上の要因、締固め作業や打設後の養生など施工上の要因などがそれぞれ関わっている。主な原因が設計の問題だったとしても、施工者としてまったく責任がないとも言い切れないので厄介だ。

開口の際に発生したひび割れ

この「クラック」は施工者の責任ですかね？

コンクリートの割れのことを、技術用語では「ひび割れ」ということに決めているんだ。技術者は正確な技術用語を使おう。

施工者として最大限の努力をしよう！

　施工者は、設計図の通りに施工するのが基本だ。その結果、コンクリートにひび割れが生じても施工者の責任ではないと言いたい。しかし、一方では施工者にも建築の専門家としての高度な注意義務が求められている。

　ひび割れ防止のために、コンクリートの調合を変えたり、鉄筋量を増やすことは、施工者として独断でできることではない。しかし、打設工区の工夫やひび割れ誘発目地を入れることなど、工期や予算など限られた条件の中でも可能な前向きな提案はできるはずだ。建築技術者として、有害なひび割れを減らすためにできる限りの努力をするという姿勢が不可欠だ。

維持管理・現場運営

腰壁にひび割れ誘発目地を入れて、有害なひび割れを防いだ事例

98 設計変更に振り回されないで！

トラブル　発注者が知らぬ間の設計変更…

　施工現場では、設計変更によって、せっかくつくったものを壊してつくり直すということがしばしば起こる。

　設計変更で注意しなければならないのは、設計者からの変更の指示は発注者が認めているものか？ということだ。設計者は、設計や工事監理の業務を発注者から委託されているが、発注者の意向を無視して好き勝手にできるわけではない。

　そのことを忘れてしまうと、設計者からの変更の指示で施工したのに、発注者がそれを気に入らなくて、再度壊してつくり直すということになりかねない。

施工者は、発注者と契約していることを忘れてはいけない

設計者が現場に来るたびに、思い付きで設計変更するので対応が大変なんです…。

変更内容を発注者に確認しているかい？ 設計変更の協議は、発注者・設計者・施工者が揃った定例会議などで行い、関係者のサインをもらうようにしよう。

対策　設計変更の手順を間違えない！

　設計変更というのは、あくまで設計者である建築士の業務だ。施工者が無断で行うことはできない。施工現場では、工事の進行中に設計変更されることがよくあるが、原則としてその物件の「原設計者」の承諾が必要だ（建築士法）。さらには、設計者であっても発注者の承諾なしで設計変更をする権限はないことも知っておこう。

　また、施工者の契約相手は「発注者」であることを忘れてはいけない。施工者は設計者がつくった設計図をもとに、発注者と契約して施工している。

　施工者から設計変更を提案する場合には、まず設計者と協議をした後に発注者に承諾してもらうという手順で進めるのが一般的だ。変更に要する費用についても施工する前に関係者の同意を得ておきたい。

発注者・設計者・施工者が揃った定例会議

99 竣工図通りでない建物？！

❌ トラブル 現場が正しい？ 竣工図が正しい？

　竣工時に建物の所有者に渡された竣工図は、その建物の維持管理などに利用される。将来の増築・改築時の資料にもなるので、現場と完全に一致していなければならない。建築工事だけでなく、機械設備工事や電気設備工事に関わる図面も同じだ。

　竣工図は契約時の設計図をもとに、設計変更部分を修正して作成されるので、現場と竣工図が異なっている原因には二つの場合が考えられる。一つは、設計図通りの施工ができていない場合、もう一つは、修正しきれていない図面が竣工図になってしまった場合だ。

　設計図通りの施工ができていない場合は、契約どおりの仕事ができていない訳だから、やり直し工事を求められることも十分考えられる。

「ありゃりゃ、図面と違うぞ…」

竣工図を見て「設計図通りに施工されていない」って責められているんです。

竣工図と現場が一致していないからと言って、施工が間違っているとは限らないぞ。

 設計変更は必ず議事録で保存！

　施工現場では、契約時点の設計図からの変更が行われることが多い。そのために、設計図が修正しきれていないということがしばしば発生する。修正しきれていない設計図を元につくられた竣工図に現場と相違があるなら、竣工図を訂正させてもらおう。

　ただし、そのためには正しい手順で設計変更がされたことを立証できなければならない。立証できる資料がなければ、施工が間違えている、施工者が勝手に変更している、とされても反論が難しい。

　打ち合せで決まった設計変更は、必ず打ち合せ議事録に残しておかなければならない。設計者からの指示は、設計指示書として書面で受け取り、残しておくことが重要だ。

維持管理・現場運営

変更等が生じた部分は、必ず打合せ議事録を残しておこう！

100 竣工図作成は施工者の業務？

トラブル 竣工図の作成業務を押しつけあい？

　建築工事では、当初の設計図からの設計変更も多い。設計図がそのまま竣工図として扱えることは少ない。設計図から変更された個所を修正して、できあがった建物と完全に一致した竣工図として完成させる業務が必要になる。

　その業務は、設計者か施工者のどちらかが担当することになる。施工者からすれば、設計図の取扱いは設計を行った設計者の業務と考えている。しかし設計者からすれば、設計変更された個所は現場の施工者がより詳細に把握しているので、施工者の業務と考えるのが現実的との判断がある。

　現実には、よく協議もされないままに施工者の業務として押しつけられていることも少なくない。

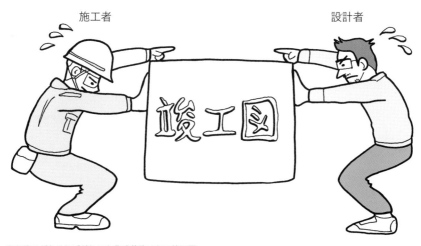

取り決めがなければだれにも作成義務はない竣工図

もうすぐ引渡しなので、竣工図を作成しているのですけど、これは施工者の業務なのでしょうか…。

発注者と施工者との請負契約に含まれているなら、施工者の行うべき業務だ。契約に定めていなければ、だれにも作成義務はないんだよ。

竣工図の作成業務の分担を協議しよう

　平成20年の建設業法改正で、建設業者（施工者）に完成図（竣工図）の10年間の保管義務が定められた。しかし、だれに作成義務があるかには触れられていない。また、建築士法では、建築士事務所が設計図書を保管する期間は15年間と定められている。しかし、竣工図とは明記されていない。

　そもそも、竣工図はだれのものか、という観点で考えると、建物の発注者の所有物と考えるのが自然だ。発注者はそれをだれにつくらせるかを定めなければならない。定められていない場合は、発注者に理解してもらった上で、完全な竣工図を作成する合理的な方法を、設計者と施工者で協議して作業分担を決めておこう。

契約書でだれが作成するのか決めておこう

完成時に発注者に引き渡す「竣工図」

著者紹介

村尾昌俊（むらお・まさとし）
株式会社大本組建築本部建築部次長。1959年生まれ。1982年大阪工業大学建築学科卒業後、株式会社大本組入社。建築施工現場勤務を経て、技術本部技術研究所、建築本部建築部技術課長を歴任し現在に至る。
資格および所属団体：一級建築士、一級建築施工管理技士、一級土木施工管理技士、公害防止管理者、コンクリート技士・コンクリート診断士・建築仕上診断技術者。日本建築学会、岡山県建築士会
講師、執筆ほか：岡山県建設技術センター非常勤講師、元岡山理科大学専門学校非常勤講師

臼井博史（うすい・ひろふみ）
Usui建築設計室代表。1952年生まれ。広島大学工学部建築学科卒業後、株式会社大本組設計部長を経て、現在に至る。
資格および所属団体：一級建築士、福祉住環境コーディネーター、岡山県建築士会
講師、執筆ほか：岡山県立大学非常勤講師、岡山仲裁センター仲裁人及び専門委員。
著書に『図説　やさしい建築施工』（学芸出版社）

ゼネコン技術者が教える
施工現場のトラブル回避 100 ポイント

2016年10月1日　初版第1刷発行

著　者	村尾昌俊・臼井博史
発行者	前田裕資
発行所	株式会社 学芸出版社
	京都市下京区木津屋橋通西洞院東入
	電話 075-343-0811　〒600-8216
装　丁	KOTO DESIGN Inc. 山本剛史
挿　画	野村彰
印　刷	オスカーヤマト印刷
製　本	山崎紙工

Ⓒ Masatoshi Murao, Hirofumi Usui 2016　　Printed in Japan
ISBN978-4-7615-2632-0

[JCOPY] 〈㈳出版者著作権管理機構委託出版物〉
本書の無断複写（電子化を含む）は著作権法上での例外を除き禁じられています。複写される場合は、そのつど事前に、㈳出版者著作権管理機構（電話 03-3513-6969、FAX 03-3513-6979、e-mail: info@jcopy.or.jp）の許諾を得てください。また本書を代行業者等の第三者に依頼してスキャンやデジタル化することは、たとえ個人や家庭内での利用でも著作権法違反です。